_____님

성공 투자의 열쇠는
절세입니다.

KB013633

부동산 전문 세무사, 회계사가 알려주는
똑똑한 절세 방법
부동산 법인이 답이다!
(실전 운영 필수 사례 편)

부동산 전문 세무사, 회계사가 알려주는

똑똑한 절세 방법

부동산
법인이
답이다!

| 실전 운영 필수 사례 편 |

김한곤, 이상욱, 배종호, 문경렬, 윤영호 지음

부동산 법인 운영을 고민하는 투자자의 필독서

매일경제신문사

책을 펴내며

• • •

　법인의 부동산 투자를 규제하는 2020년 6·17 부동산 대책과 개인의 주택 취득 관련 취득세, 종합부동산세, 양도소득세를 동시에 상승시킨 2020년 7·10 부동산 대책으로 부동산 법인과 개인의 세 부담은 높아졌고, 대출 규제 또한 한층 강화되었습니다. 특히 세금은 부동산 투자에 있어서 굉장히 중요한 요소로 자리 잡았고, 그 무엇보다 투자자에게 투자 결정의 중요한 요소이기 때문에 전문가의 컨설팅이 필요합니다.

　이 책이 부동산 투자의 절세를 가져와 대출 규제와 금리 상승 문제점을 보완할 수 있는 열쇠가 될 수 있기를 기원합니다.

- 김한곤 세무사

· · ·

　《절세의 모든 기술 부동산 법인에 있다!》를 처음 출판할 당시 부동산 투자자들에게 부동산 법인은 생소한 개념이었습니다. 쉽게 이해할 수 있게 기초 입문 편으로 출판했습니다. 3년이 지난 지금은 다수의 부동산 투자자들이 부동산 법인을 설립해 부동산을 취득해 보유하거나 판매한 경험이 있습니다.

　저자는 세무법인을 운영하면서 담당 직원들과 수많은 부동산 법인의 회계장부를 만들고, 세무서에 신고하는 업무를 진행하고 있습니다. 이 과정에서 부동산 법인 CEO들이 모르고 있거나 실수해서 일어나는 법인의 부동산 취득·보유·판매 과정의 문제점을 정리해 이 책을 집필했습니다.

　이 책으로 부동산 투자자들이 부동산 법인을 활용해 합법적이고 효율적인 절세를 할 수 있고, 금융기관과 큰 어려움 없이 거래를 잘할 수 있도록 도움이 되었으면 합니다.

- 이상욱 세무사

●　●　●

　세무는 일반 시민들의 생활과 맞닿아 있는 일입니다. 특히 부동산 세무는 여러 사람에게 많은 영향을 주고 있습니다. 그러나 점점 더 복잡해지고 있으며, 더욱더 어려워지고 있습니다. 이러한 상황에서 이 책이 부동산 세무에서 많은 분에게 좀 더 많은 편리함과 유익함을 제공하길 바랍니다.

- 배종호 회계사

●　●　●

　부자가 되기 위해서 알아야 할 필수적인 요소는 금융, 경제 및 세금이 있습니다. 시시각각 변화하는 국제 정세에 부동산의 가치가 상승과 하락을 동반해 부동산에 관한 세금의 비중이 높아지게 되었습니다. 이 책이 독자 여러분의 소중한 재산을 지킬 수 있는 밑거름이 되었으면 합니다.

- 문경렬 세무사

• • •

　이미 엎질러진 물은 주워 담을 수 없습니다. 세무 상담을 하다 보면 부정확한 정보로 잘못 신고하고 나서 이후 생각지도 못한 과도한 세금이 부과되는 안타까운 상황이 많았습니다. 신고 전에 간단한 상담만 했더라도 피할 수 있는 세금인데, 그런 억울한 상황에 부닥친 분들에게 도움을 드리고 싶었습니다. 이 책이 독자들의 절세에 도움이 되길 진심으로 기원하며, 부동산 법인을 이용한 절세 연구와 집필에 기회를 주신 이 책의 공동 저자분들에게 감사하다는 말을 전하고 싶습니다.

- 윤영호 세무사

차례

책을펴내며 • 4

PART 01 부동산 법인 필수 운영 사례 1

01. 법인설립 시점에 미성년자의 주식 보유 비율이 높으면 대출이 어려울 수
    있습니다 • 14

02. 법인설립일이 12월에 가까울수록 법인세가 더 많이 발생할 수 있습니다 • 16

03. 비용인정을 너무 많이 받으면 법인 운영에 큰 문제가 발생할 수 있습니다 • 21

04. 주거용 오피스텔 분양권 구입 시 일단 부가가치세를 환급받으세요 • 26

05. 오피스텔 분양권 판매 시 계약서에 반드시 부가가치세 별도 문구를 적어야
    합니다 • 32

06. 부가가치세를 환급받은 오피스텔을 주택으로 임대하면 환급받은 부가가치세를
    납부해야 합니다 • 38

07. 주거용 오피스텔 판매 시 판매가격과 별도로 부가가치세를 추가로 받아야
    합니다 • 43

08. 부동산 법인에서 보유한 부동산 중 하나를 판매 시 포괄양도 · 양수 계약으로
    하면 부가가치세를 매수자에게 받지 않아도 되나요? • 49

09. 분양권이나 조합원입주권 매도 시 계산서나 세금계산서를 발급해야 됩니다 • 53

10. 법인의 부동산을 수선하는 경우 수선 항목에 따라 세금 차이가 크게
    발생합니다 • 57

PART 02 부동산 법인 필수 운영 사례 2

01. 법인이 자금차입으로 인한 이자 지급 시에는 세금을 차감하고 이자를 지급해야 합니다 • 64

02. 기준시가 1억 원 이하의 주택은 부동산 법인으로 취득하는 것이 좋습니다 • 68

03. 부동산 법인을 상속세와 증여세 절세목적으로 활용하려면 어떻게 해야 하나요? • 73

04. 법인의 부동산 임대로 받는 돈의 성격에 따라 업무와 세금문제가 달라집니다 • 86

05. 법인 보유 주택을 6월 1일 이전 대표이사인 개인에게 매도하는 이유가 궁금합니다 • 90

06. 법인이 대표이사 등의 특수관계자에게 부동산을 판매 시 판매가격을 시세보다 낮게 해도 되나요? • 94

07. 부동산 법인을 그만하려고 할 때 진행절차와 진행기간 및 진행비용의 검토가 필요합니다 • 100

08. 2022년 시행령 개정 방향은 주택 관련 세금 규제의 완화입니다 • 106

   1. 2022년 5월 31일 소득세법 시행령 개정 • 107

      ① 다주택자 양도소득세 중과세율 1년간 배제 • 107

      ② 양도소득세 비과세 요건 판단 시 보유 기간 재계산 폐지 • 107

      ③ 조정대상지역 일시적 2주택자 전입요건 폐지 및 양도소득세와 취득세 중복보유기간 2년 연장 • 108

   2. 2022년 6월 30일 지방세법 시행령 개정 • 108

      ① 일시적 2주택자 취득세 중과배제 기간 연장 • 108

3. 2022년 8월 2일 소득세법 시행령 개정 • 110

　① 상생임대주택 거주기간 2년 인정 • 110

　② 상생임대주택 요건은 무엇인가요? • 112

　③ 전세에서 월세(월세에서 전세)로 전환한 경우에도 상생임대차계약이
　　적용되나요? • 113

4. 2022년 8월 2일 종합부동산세법 시행령 개정 • 113

　① 주택분 공정시장가액비율 60% 축소 • 113

09. 2022년 9월 15일 종합부동산세법 개정으로 종합부동산세 납부기한이
　　연장됩니다 • 115

10. 2022년 9월 23일 종합부동산세 시행령 변경으로 일시적 2주택자의
　　종합부동산세 부담이 크게 감소됩니다 • 118

11. 법인등기부등본 이런 경우 꼭 변경해야 합니다 • 121

12. 법인등기 변경신청을 전자신청하려고 하면 법인전자증명서(법원등기소 USB)가
　　필요합니다 • 129

PART 03 부동산 법인전환 A TO Z

01. 부동산 임대업 개인사업자는 법인전환 시 너무 많은 세금이 발생합니다 • 136

02. 부동산 법인전환이 무엇인가요? • 138

03. 법인신설과 법인전환의 차이점은 무엇인가요? • 141

04. 법인으로 전환할 때 세금이 많이 발생한다고 합니다. 법인전환이 될까요? • 146

05. 포괄양수도와 현물출자는 어떻게 다른가요? • 154

06. 현물출자란 무엇인가요? 자세하게 알고 싶어요 • 157

07. 부동산 법인으로 전환하는 데 들어가는 돈은 얼마 정도인가요? • 161

08. 양도소득세 이월과세가 무엇인가요? • 165

부록 2022년 7월 21일 발표 세법개정(안)

법인세법 개정(안) • 171

소득세법 · 조세특례제한법 개정(안) • 173

종합부동산세법 · 조세특례제한법 · 국세기본법 개정(안) • 176

소득세법 · 조세특례제한법 개정(안)[양도소득세 관련] • 180

PART
01

부동산 법인
필수 운영 사례 1

01 | 법인설립 시점에 미성년자의 주식 보유 비율이 높으면 대출이 어려울 수 있습니다

부동산 투자자들의 법인설립 시 큰 고민 중 하나가 1인 법인과 가족 법인의 선택입니다. 1인 법인과 가족 법인의 차이는 법인설립 시 누구 돈이 투자되어 만들어지는가에 있습니다. 1인 법인은 설립 시 자본금을 1인이 모두 투자해 법인의 주인이 1명이 되는 것이고, 가족 법인은 자본금을 가족들이 나눠서 넣고 주식을 나누어 가지는 법인을 의미합니다. 법인은 자본금을 법인에 투자한 투자자에게 그 대가로 주식을 발행해 지급합니다.

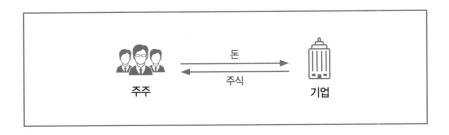

법인이 부동산을 매수할 때 자본금으로 자금이 부족하면 은행 등에서 돈을 차입하게 됩니다. 은행은 법인의 신용도와 다른 여러 가지 상황을 검토해 대출 여부를 결정하는데, 주주 명부를 확인해서 미성년자의 주식 보유 현황과 미성년자의 주식 보유 비율을 확인하는 것 또한 대출검토사항에 포함됩니다. 따라서 가족 법인으로 법인설립을 하려고 할 경우 자녀의 주주 구성 비율을 결정해야 하는데, 미성년자인 자녀의 주식 보유 비율을 적정하게 반영해 설립하는 것이 중요합니다. 그러면 부동산 취득자금 대출 시 주주 구성에 미성년자가 있으면 대출에 문제가 될 수 있으므로 법인설립 시에는 미성년자인 자녀를 제외하는 것이 좋을까요?

　법인을 설립해 대출을 쉽게 하려면 대표이사가 신용도가 높아야 하며, 주주 또한 소득과 재산이 많은 자로 구성하는 것이 좋습니다. 하지만 소득과 재산이 많은 자가 법인의 주식까지 많으면, 상속이나 증여세 문제 발생 시 법인 주식에 대해 세금이 많이 발생하게 됩니다. 법인을 만들어 투자하는 주된 목적이 절세라고 한다면, 법인설립 시 재산과 소득의 분산이 될 수 있게 하는 것이 절세의 기본이므로, 가능한 미성년자인 자녀의 주식 보유 비율을 높이는 것이 좋습니다. 따라서 부동산 법인설립 시점에서 주주 구성 비율을 결정할 때 절세 목적과 대출 목적을 잘 비교해 부동산 주주 구성 비율을 결정하는 것이 매우 중요합니다.

02 | 법인설립일이 12월에 가까울수록 법인세가 더 많이 발생할 수 있습니다

법인의 소득은 회사가 존재하는 동안 계속해서 발생합니다. 계속되는 소득에 대한 세금 계산을 하기 위해서는 계속되는 기간을 일정한 단위로 나누어야 하는데, 법인의 소득을 계산하는 1회계기간을 사업연도라고 합니다.

사업연도의 확인

❶ 법령이나 정관 등에서 정하는 1회계기간으로 정하며, 그 기간은 1년을 초과할 수 없음.

❷ 법령·정관 등에서 사업연도에 관한 규정이 없는 경우
법인설립신고 또는 사업자등록과 함께 납세지 관할세무서장에게 사업연도를 신고하는 기간

❸ 법령·정관 등에서 사업연도 규정이 없고, 신고도 하지 않은 경우

매년 1월 1일부터 12월 31일까지

최초 사업연도 개시일

내국법인의 경우 설립등기일이 최초 사업연도의 개시일입니다. 다만 최초 사업연도 개시일 전에 생긴 손익이 있는 경우 조세 포탈의 우려가 없을 경우에는 최초 사업연도의 기간이 1년을 초과하지 않는 범위 내에서 이를 해당 법인의 최초 사업연도의 손익에 산입할 수 있습니다. 이 경우 최초 사업연도의 개시일은 해당 법인에 귀속시킨 손익이 최초로 발생한 날로 합니다.

설립등기일이 속하는 최초 사업연도는 설립등기일부터 사업연도 종료일까지이며, 1월에 설립등기를 한 경우를 제외하면 대부분은 최초 사업연도가 1년 미만이 됩니다.

사업연도의 중요성

법인의 각 사업연도의 소득에 대한 법인세를 계산할 때 과세표준에 따라 적용되는 세율이 달라집니다.

❶ 사업연도가 12개월인 경우 과세표준에 따른 법인세율의 계산

과세표준	과세표준에 따른 법인세율
2억 원 이하	10%
2억 원 초과 200억 원 이하	20%
200억 원 초과 3,000억 원 이하	22%
3,000억 원 초과	25%

❷ 사업연도가 1년 미만인 경우 환산 과세표준의 계산과 적용받는 법인 세율의 계산

사업연도가 1년 미만인 경우에는 그 기간 동안 발생한 과세표준을 1년 기준으로 환산하게 됩니다. 법인설립등기일이 과세기간 종료일인 12월에 가까울수록 환산 과세표준금액이 커지고, 법인세 계산 시 적용받는 세율이 2배 이상이 될 수 있기 때문에 최초 사업연도에 부동산 판매가 이루어질 경우 환산 과세표준금액을 반드시 계산해보고 판매 시기의 조정 여부를 판단해야 합니다.

CASE 1. 사업연도 1월 1일~12월 31일
최초 사업 개시일 : 1월 5일
소득금액 1억 원이며 과세표준도 1억 원
법인세 계산 시 적용세율의 계산 : 환산 과세표준이 1억 원이므로 10%의 법인세율 적용(1억 원×12/사업연도 월수인 12개월)
환산 과세표준의 계산 : 1억 원×12/최초 사업연도 월수인 12개월

CASE2 . 사업연도 1월 1일~12월 31일
최초 사업 개시일 : 12월 5일(설립 등기일 12월 5일, 사업개시일 12월 20일)
12월 소득금액 1억 원이며 과세표준도 1억 원

법인세 계산 시 적용세율의 계산 : 환산 과세표준이 12억 원이므로 최초 2억 원은 10% 법인세율을 적용하고 2억 원 초과 10억 원은 20% 세율 적용
환산 과세표준의 계산 : 1억 원×12/최초 사업연도 월수인 1개월

이 2가지 경우 모든 법인의 소득금액과 과세표준은 1억 원입니다. 하지만 세율 적용 시 과세표준은 사업연도가 1년 미만인 경우 환산 과세표준을 기준으로 하기 때문에(1억 원×12/사업연도 월수인 1달)로 계산해 12억 원을 기준으로 세율이 적용됩니다. 따라서 과세표준 2억 원 초과금액인 10억 원은 20%의 세율을 적용받습니다.

환산 과세표준을 실제 과세표준보다 높게 해서 높은 세율을 적용하지만, 세율 적용 후 환산 이전 과세표준인 실제 과세표준으로 되돌리는 계산식이 적용됩니다.

[(실제 과세표준×12/사업연도 월수)×(세율)] × 사업연도 월수 / 12

사업연도의 변경

❶ 법인설립등기일이 사업연도 종료일에 가까운 경우 높은 세율이 적용됩니다. 법인설립등기를 한 첫해는 사업연도가 1년 미만인 경우의 환산 과세표준을 계산해서 세율을 적용합니다. 따라서 사업연도가 1월 1일~12월 31일이고, 법인설립등기일이 12월에 가까울수록 환산 과세표준은 커지도록 되어 있어 높은 세율을 적용받을 수 있습니다.

❷ 사업연도를 변경하려는 법인은 직전 사업연도 종료일로부터 3개월 이내에 세무서에 신고해야 하며, 그 기간 이후에 신고한 경우 사업연도는 변경되지 않습니다. 사업연도가 변경된 경우에는 종전의 사업연도 개시일부터 변경된 사업연도 개시일 전날까지가 또 하나의 사업연도가 됩니다. 다만 그 기간이 1개월 미만인 경우에는 변경된 사업연도에 그 기간을 포함한다. 따라서 이 경우에는 사업연도가 1년을 초과하는 결과가 초래될 수 있는데, 이것은 예외적으로 허용됩니다.

❸ 법인설립 등기일이 사업연도 종료일인 12월 31일과 가까운 경우의 검토

1) 환산 과세표준은 소득이 있는 경우 그 소득을 기준으로 계산이 됩니다. 법인설립 등기일이 사업연도 종료일과 가까운 경우 판매시점인 잔금지급일 등을 조정해 설립 등기일 다음 연도의 소득으로 귀속시키면 환산 과세표준을 적용하지 않습니다.

2) 설립등기일이 12월 1일이라고 가정 시 정관에 사업연도를 1월 1일~12월 31일로 하는 대신에 12월 1일~11월 30일까지로 정하는 것 또한 환산 과세표준을 적용받지 않는 방법입니다. 그 이후 사업연도 변경을 통해 1월 1일~12월 31일을 사업연도로 변경할 수 있습니다.

03 | 비용인정을 너무 많이 받으면 법인 운영에 큰 문제가 발생할 수 있습니다

부동산 투자자들이 부동산 법인을 활용해 궁극적으로 하고자 하는 것은 절세입니다

법인소득세(=각 사업연도 소득에 대한 법인세)는 소득이 늘어날수록 그 세금도 많이 발생하는데, 보통 수익에서 차감되는 사업 관련 비용이 적어서 소득이 많이 발생하기 때문에 세금도 많아집니다. 세금이 늘어날수록 이를 줄이려는 노력을 더 많이 하게 되는데, 세금을 계산하는 기본적인 원리를 먼저 이해해야 세금을 줄일 수 있습니다.

세금계산의 원리와 세금계산 순서

$$
\begin{array}{r}
\text{수익} \\
-\ \text{비용} \\
\hline
=\ \text{소득} \\
\times\ \text{세율} \\
\hline
=\ \text{소득세}
\end{array}
$$

❶ 수익을 줄여서 소득을 낮추는 방법

1) 세금을 줄이기 위해서 판매금액을 낮추어 수익을 줄이는 것은 현명한 방법은 아닙니다. 세금은 수익이 늘어나면 늘어난 금액 중 일정 비율만 발생하기 때문에 수익을 늘려서 세금을 납부하고도 더 남기는 것이 현명한 방법입니다.

> 100을 벌어서 20%인 20원의 세금을 납부하고 80원이 남은 A
> 80을 벌어서 10%인 8원의 세금을 납부하고 72원이 남은 B
> 두 명 중 세금이 작은 자는 B이나 세금을 많이 내더라도 소득이 많은 자는 A입니다.

2) 수익을 줄이기 위한 다운계약서 작성

다운계약서 작성으로 계약서상 판매가액을 줄여 신고해 세금을 줄이는 방법은 좋은 방법이 아닙니다. 다운계약서 작성이 밝혀지면 매도자는 작게 신고한 세금은 물론이고, 고액의 가산세까지 부담해야 하므로 세금이 크게 늘어 날 수 있습니다.

- 매도자 판매가격이 낮아지면 매수자의 취득가격도 낮아져 이후 매수자가 판매 시 세금폭탄이 되므로 국세청에 그 사실을 고발해 본인의 세금을 낮추려는 시도를 할 수 있습니다.
- 지방자치단체나 국세청 등은 주택 거래 시 거래가격이 시세보다 낮은 경우 통장거래 내역을 확인하는 등 불법사실 유무를 자세하게 조사합니다.

❷ 비용을 늘리는 방법으로 소득을 줄여 세금을 낮추는 방법

세금을 줄이기 위해 사업 관련 지출인 비용을 늘리는 방법은 절세에 있어서 좋은 방법입니다. 부동산 법인을 운영하면서 발생하는 경비들은 법정증빙 서류를 잘 보관하면 비용 처리를 받는 데 큰 문제는 없습니다. 이러한 비용이 많으면 많을수록 수익에서 차감하는 비용이 늘어나 소득을 줄이게 되고, 그 결과 세금을 줄일 수 있습니다.

❸ 세율을 줄여 세금을 줄이는 방법

국세청에 신고하고 납부하는 세금은 적용받는 세율에 따라서 크게 달라집니다. 개인의 부동산 보유현황에 따라 부동산을 취득할 때와 보유할 때, 그리고 판매할 때 세금계산에 적용하는 세율에 큰 차이가 발생합니다. 세율 차이를 이용해서 세금을 줄이기 위해서는 취득시점·보유기간·이전 시점에 적용하는 세율을 잘 비교해 개인취득과 법인취득을 비교 결정해야 하며, 개인으로 취득한다면 보유기간 또한 잘 판단해 낮은 세율을 적용받을 수 있게 해야 합니다.

대책 없이 사업 관련 지출을 늘려 비용을 증가시키면 대출 연장이 어렵습니다

비용이 많으면 절세에 있어서는 분명 좋은 방법이 될 수 있으나 기존 대출이 있거나 대출계획이 있는 부동산 법인의 경비처리가 많으면 대출연장이나 신규 대출 시 문제가 발생할 수 있습니다. 절세 목적으로 비용처리를 너무 많이 받으면 소득이 작아지게 되고, 그 결과 기업신용도가 나빠지는데, 이는 대출에 심각한 문제를 일으킬 수 있습니다.

결손법인과 자본잠식법인은 대출이 되지 않습니다

법인의 수익이 없는 상태에서 비용이 발생하거나 수익은 있으나 수익보다 비용이 많으면 이익이 발생하지 않고 손실이 발생합니다. 이렇게 손실이 발생한 법인을 결손법인이라고 합니다. 은행은 결손 발생 시 그 연도의 다음 연도 법인세 신고 시까지 결손법인으로 판단합니다. 또한, 손실 누적액이 이익 누적액보다 크다면 그 차액만큼 납입자본금을 줄이기 시작하는데 이러한 상황을 자본잠식이 발생했다고 합니다.

대출을 담당하는 은행은 결손법인이나 자본잠식법인에 대출금이 있다면, 이를 회수하려고 하거나 이자율을 높이려고 합니다. 또한 신규대출 검토 시 대출승인이 어렵게 됩니다. 부동산 법인을 운영하는 투자자들은 경비처리를 늘려 비용 인정을 많이 받으려 노력합니다. 세금을 줄이기 위해 경비처리를 늘려 소득을 낮추는 것을 성공하더라도 법인 장부가 결손으로 작성되어 국세청에 신고되면 대출 연장이나 신규 대출에 어려움이 발생합니다.

따라서 법인 장부를 마감해 세금 계산을 할 때 많은 부동산 법인들이 은행의 요청에 의해 실제 지출된 경비를 없는 것으로 회계처리 하기를 원합니다. 경비 인정을 못 받는 것이 아니라 경비 인정은 가능한데, 대출문제 때문에 경비 인정을 받지 않는 것입니다. 실제 지출된 경비를 비용 인정받지 않으면 다음과 같은 문제점이 발생됩니다.

- 경비처리 받지 않아 신고되는 비용이 줄어들고 그 결과 소득 증가로 세금이 늘어납니다.
- 실제 지출된 자금을 경비처리 받지 않으면 지출된 금액을 대표이사가 개인적으로 사용했다고 회계처리 됩니다(세법은 이를 가지급금으로 처리합니다). 가지급금으로 회계처리 되면 추가로 많은 문제점을 발생시킬 수 있습니다.

부동산 법인은 수익의 발생을 미리 예상해 수익이 많이 예상되는 연도에는 지출을 많이 하고, 수익 발생이 없거나 많이 예상되지 않는 연도에는 비용을 줄이는 것이 좋습니다. 또한, 기존 대출이 있거나 신규 대출을 계획하고 있는 법인은 기업 장부를 만들어 신고할 때 신고되는 법인경비지출을 줄여서 기업신용도를 높여야 합니다. 세금을 줄이는 것도 좋지만 신용도를 높여 대출을 확보하는 것이 부동산 법인을 효율적으로 운영하는 또 하나의 방법이기 때문입니다.

04 | 주거용 오피스텔 분양권 구입 시 일단 부가가치세를 환급받으세요

오피스텔은 부동산 투자자들이 많이 투자하는 부동산 중 하나입니다. 오피스텔은 크게 주거용 오피스텔과 상업용 오피스텔로 구분됩니다. 오피스텔은 공급가격에 부가가치세를 별도로 지급하고 취득하기 때문에 부가가치세 환급 문제가 발생합니다. 취득 시에는 상업용으로 취득세가 발생했다가도 보유 중 용도에 따라 재산세가 주거용으로 부과되는 경우 주택으로 판단되기도 합니다. 또한, 부가가치세 환급받은 금액을 다시 납부해야 하는 문제가 발생할 수 있기 때문에 오피스텔의 취득과 보유 및 판매에 대해서 주의를 기울여야 합니다.

부가가치세의 개념

부가가치세는 재화나 용역의 공급, 즉 판매시점에 매수자에게 부담시키는 세금입니다. 소비자 입장에서 판단하면, 재화나 용역의 소비시점에 과세되는 소비세이며, 판매자가 소비하는 자의 부가가치세를 대신 받아서 세무서에 신고 납부하는 간접세입니다(소비자의 세금을 판매자가 신고하고 납부).

소비하는 자가 사업자인 경우에는 판매자에게 부가가치세를 별도로 지급하고, 다시 국세청에 신고해 그 금액을 환급받을 수 있는데, 신용카드매출전표나 현금영수증 또는 세금계산서를 발급받아야 환급이 가능합니다(부가가치세 면세 대상인 재화나 용역의 경우에는 세금계산서가 아닌 계산서가 발급됩니다).

단, 재화나 용역이 면세 대상으로 열거되어 있는 경우에는 구입 시 부가가치세를 별도로 지급하지 않아도 됩니다(부가가치세법과 조세특례제한법에서 면세 대상을 열거). 또한, 면세 대상으로 열거가 되어 있지 않더라도 사업의 양도에 해당하는 포괄양도·양수거래의 경우에도 부가가치세를 별도로 지급하고, 이후 환급받는 불필요한 상황은 발생하지 않습니다.

부가가치세법 제26조[재화 또는 용역의 공급에 대한 면세]
① 다음 각 호의 재화 또는 용역의 공급에 대하여는 부가가치세를 면제한다.
　12. 주택과 이에 부수되는 토지의 임대 용역
　14. 토지 매매(토지의 임대는 과세)(위의 주택 부수 토지의 임대는 면세)
② 면세되는 재화 또는 용역의 공급에 통상적으로 부수되는 재화 또는 용역의 공급은 그 면세되는 재화 또는 용역의 공급에 포함되는 것으로 본다.

부가가치세가 발생하는 부동산

❶ 토지의 판매는 부가가치세가 면세로 열거되어 있어서 취득하는 자에게 별도로 부가가치세를 받지 않아도 되나, 토지를 임대하는 경우 임차인에게 토지 임대료와 별도로 부가가치세를 받아서 국세청에 신고 납부해야 합니다(주택 부수 토지의 임대는 면세).

❷ 분양권이나 조합원입주권을 판매하는 경우 이후 취득하는 주택이 주택법에 규정하는 주택으로 국민주택규모 이하인 경우 면세로 열거되어 있어 판매가격에 별도로 부가가치세를 받지 않아도 되나 그 외 주택은 부가가치세를 별도로 받아서 신고하고 납부해야 합니다.

❸ 공장이나 상가를 판매하는 경우 전체 판매가격을 토지의 가격과 건물의 가격으로 구분해야 합니다. 토지의 가격은 면세 대상으로 열거가 되어 있기 때문에 부가가치세를 별도로 받지 않아도 되

나, 건축물 가격은 그 가격에 10% 부가가치세를 별도로 받아서 신고하고 납부해야 합니다.

❹ 주택 판매의 경우에는 건축법에서 규정하는 주택으로, 국민주택 규모 이하의 주택은 면세이나 그 외의 주택은 건축물 가격의 10%를 부가가치세로 별도 매수자에게 받아야 하고, 신고 납부해야 합니다.

❺ 지식산업센터를 분양받거나 완성된 지식산업센터를 구입하는 경우 지식산업센터는 주거용이 아닌 상업용 건물이므로, 지식산업센터 토지 공급가격과 건물의 공급가격에 별도로 부가가치세를 합산해 지급해야 합니다. 이때 매수자는 토지 매입은 부가가치세가 면세 대상이므로 계산서를 발급받아야 하고, 건물 가격에는 10%의 부가가치세를 별도로 지급하므로 세금계산서를 받아야 환급을 받을 수 있습니다. 매도자는 별도로 받은 건물 가격의 10%인 부가가치세를 신고하고 납부해야 하며, 매수자는 매수 시 별도 지급한 부가가치세를 환급 신청해 돌려받을 수 있습니다(매수자가 환급받을 수 있는 조건 : 1. 사업자 등록, 2. 사업자등록번호 등이 기재된 세금계산서 수령).

오피스텔 분양권 구입과 부가가치세

❶ 오피스텔 구입 시 분양금액은 분양계약서에 다음과 같이 표시되어 있습니다.

> 건물 분양금액 + 건물 부가가치세 + 토지 분양금액

❷ 부가가치세는 환급받을 수 있습니다. 오피스텔을 분양받을 때 거래가격에 부가가치세를 추가로 부담하기 때문에 부가가치환급을 받을 수 있습니다(매수자가 환급받을 수 있는 조건 : 1. 사업자 등록, 2. 사업자 등록번호 등이 기재된 세금계산서 수령).

다만, 주택임대업에 오피스텔을 사용하기 위한 취득인 경우에는 취득 시 건물분 부가가치세를 별도로 지급했다고 하더라도 환급받을 수 없습니다. 주택임대업에 사용하지 않고, 상가임대업으로 사용한다고 해서 부가가치세를 환급받더라도 주택임대업에 오피스텔을 사용 시 환급받은 부가가치세를 다시 신고하고 납부해야 합니다.

❸ 주거용 오피스텔 분양권 구입 시 일단 부가가치세를 환급받는 것이 좋습니다. 오피스텔을 취득 후 임대업에 사용되기 전에 분양권 상태로 판매하는 경우도 있습니다. 이때 판매가격에 건물분 부가가치세까지 별도로 받아서 신고하고 납부해야 합니다. 오피

스텔 분양권 취득 시 부가가치세를 환급받거나 환급받지 않은 경우에도 오피스텔 분양권은 판매 시 매수자에게 별도의 부가가치세를 받아서 신고하고 납부해야 합니다. 따라서 오피스텔 분양권 구입시점에서는 별도 지급된 부가가치세를 환급받아야 합니다.

분양회사는 세금계산서나 계산서 발급 시 분양받은 자가 사업자이면, 사업자등록번호를 기입해 발급하고, 사업자가 아닌 경우 주민등록번호를 기입해 발급합니다.

> **세금계산서 발급 대상** : 건물 가격
> **계산서 발급 대상** : 토지 가격

세금계산서를 발급받을 때 사업자 등록이 안 되어 있거나 세금계산서에 사업자등록번호가 아닌 주민등록번호가 기입이 되면 부가가치세는 환급받을 수 없기 때문에 세금계산서 정상 발급 사실과 사업자 등록번호 기입이 되었는지를 반드시 확인해야 합니다.

05 | 오피스텔 분양권 판매 시 계약서에 반드시 부가가치세 별도 문구를 적어야 합니다

오피스텔 분양권을 판매하는 사업자는 매수자에게 판매가격과 별도로 부가가치세를 추가로 받아서 세무서에 신고하고 납부해야 합니다. 매매계약서에 '부가가치세 별도'라는 문구가 따로 들어가 있지 않으면, 계약서에 기입된 거래가격은 부가가치세가 포함되었다고 해석이 됩니다.

오피스텔을 거래하는 경우 판매자는 계약서에 기입된 거래가격 전액을 실제 본인이 가지게 될 금액이라고 생각합니다. 하지만 계약서에 '부가가치세 별도'라는 문구가 없으면, 계약서상 거래가격에서 부가가치세는 세무서에 납부해야 합니다. 결국 부가가치세를 제외한 금액만 매도자가 가지게 됩니다.

결론은 매매계약서상 '부가가치세 별도'라는 문구가 없다면, 부가가치세만큼 매도자는 손해를 볼 수 있습니다. 따라서 반드시 오피스텔 분양권 매도 계약서 작성 시 '부가가치세 별도'라는 문구가 표시되어 있는지 확인해야 합니다(다른 부가가치세 과세 대상 부동산 매매나 임대 계약서 작성도 동일).

부가가치세는 얼마를 받아야 하고 어떻게 계산을 하나요?

❶ 오피스텔 분양권 취득 시 매수자의 부가가치세

오피스텔 분양권을 취득하는 회사는 오피스텔을 분양하는 회사가 정한 건물 가격의 10%인 부가가치세를 토지 가격·건물 가격과 별도로 분양사에 지급해야 하고, 오피스텔을 분양하는 회사가 매수자에게 받은 부가가치세를 세무서에 신고 납부하면, 매수자는 부가가치세 신고를 통해 별도 지급한 부가가치세를 환급받을 수 있습니다.

> **오피스텔 분양권 가격** : 토지 가격 + 건물 가격 + 건물 가격의 10%인 부가가치세

❷ 오피스텔 분양권 취득 후 분양권 상태로 판매 시 매도자의 부가가치세 계산

오피스텔의 분양권을 취득해 판매하는 회사도 건물 가격의 10%인 부가가치세를 매수자에게 별도로 받아서 국세청에 신고 납부해야 하는데, 건물 가격을 어떻게 계산하는지 알아보도록 하겠습니다.

1) 신축 중인 오피스텔을 분양받은 사업자가 계약금 및 중도금 등을 지급한 후 당해 재화를 취득할 수 있는 권리, 즉 분양권을 양도함에 있어 당해 분양권 거래가액 중 토지 관련분은 부가가치세가 면제되나 건물 관련분에 대해서는 부가가치세가 과세됩니다.

2) 토지와 건물 등을 함께 공급하는 경우 과세되는 공급가액과 면세되는 공급가액의 구분에 대해서는 매도자와 매수자 간 합의해서 결정한 토지 가격과 건물 등 가격(=실지거래가액)을 토지와 건물의 공급가액으로 합니다.

   실지거래가액은 매매계약서에 토지 가격과 건물 가격을 별도 표시하거나 매매계약서에 별도 표시되지 않더라도 건물 가격이 기입된 세금계산서를 발급하는 경우의 금액을 의미합니다.

> **- 토지와 건물 가격을 따로 기입해서 계약서를 작성하지 않은 경우**
> 대부분의 매매계약은 매매계약서를 작성할 때 토지와 건물 가격을 따로 기입해서 계약서를 작성하지 않고, 전체 금액을 기입하기 때문에 토지의 가격과 건물의 가격을 구분할 수 없습니다. 이 경우 별도 정하는 바에 따라 안분 계산한 금액을 건물과 토지의 공급가액으로 해야 합니다.
>
> **- 매매계약서에 토지·건물 가격이 구분 기입되어도 그 금액이 적정하지 않은 경우**
> 사업자가 실지거래가액으로 구분한 토지와 건물 등의 가액이 별도 정하는 바에 따라 안분 계산한 금액과 100분의 30 이상 차이가 있는 경우에는 별도 정하는 바에 따라 안분 계산한 금액으로 부가가치세를 계산해야 합니다.

3) 토지와 건물을 함께 공급하는 경우로서 토지와 건물 가격을 별도로 정해서 기입하지 않고, 합계금액을 계약서로 작성한 경우나 토지와 건물 가격을 별도로 해서 기입했다 하더라도 기입한 금액과 별도 정하는 바에 따라 안분 계산한 금액(부가가치세법 시행령 제64조)이 30% 이상 차이가 발생하는 경우, 별도 정하는 바에 따라 계산한 금액을 기준으로 부가가치세를 계산해야 합니다.

이 경우 별도 정하는 바에 따라 안분 계산한 금액의 계산은 아래 표를 기준으로 합니다.

토지와 건물 등을 함께 공급하는 경우 건물 등의 공급가액 계산
1. 토지와 건물 등에 대한 '소득세법'의 '기준시가'가 모두 있는 경우 : 공급계약일 현재의 기준시가에 비례하여 안분 계산한 금액. 다만, 감정평가가액이 있는 경우에는 그 가액에 비례하여 안분 계산한 금액으로 한다. 제28조에 따른 공급시기(중간지급조건부 또는 장기할부판매의 경우는 최초 공급시기)가 속하는 과세기간의 직전 과세기간 개시일부터 공급시기가 속하는 과세기간의 종료일까지 법률에 따른 감정평가법인 등이 평가한 감정평가가액을 말한다.
2. 토지와 건물 등 중 어느 하나 또는 모두의 기준시가가 없는 경우로서 감정평가가액이 있는 경우 : 그 가액에 비례하여 안분 계산한 금액. 다만, 감정평가가액이 없는 경우에는 장부가액(장부가액이 없는 경우에는 취득가액)에 비례하여 안분 계산한 후 기준시가가 있는 자산에 대해서는 그 합계액을 다시 기준시가에 의하여 안분 계산한 금액으로 한다.
3. 제1호와 제2호를 적용할 수 없거나 적용하기 곤란한 경우 : 국세청장이 정하는 바에 따라 안분하여 계산한 금액을 기준으로 판단합니다.

(질의) 오피스텔 분양권을 매각하는 경우 부가가치세 과세표준

1. 사업자가 국세청장이 토지와 건물에 대하여 일괄 산정 및 고시하는 오피스텔 및 상업용 건물(이들에 부수되는 토지를 포함)을 공급하는 경우 그 건물 등의 공급가액은 실지거래가액에 의하는 것이나, 실지거래가액 중 토지의 가액과 건물 등의 가액의 구분이 불분명하면 '부가가치세법 시행령' 제64조 1항의 제1호 내지 제3호의 규정을 적용하는 것임.

2. 다만, 귀하의 질의의 경우 일괄 산정하는 상업용 건물의 기준시가는 건물의 공급가액을 안분 계산 시 동법 동령 동조 동항 제1호 및 제2호의 기준시가 규정을 적용할 수 없으므로 동법 동령 동조 동항 제2호의 취득원가(분양가액) 규정을 적용하는 것임.

   토지와 건물에 대하여 일괄 산정·고시하는 오피스텔이나 상업용 건물을 공급하는 경우 토지의 기준시가, 건물과 토지를 통합평가한 기준시가와 토지 및 건물의 취득가액만 있는 경우 과세표준 안분 계산방법은 취득원가(분양가액)비율로 안분 계산한다고 해석하고 있습니다.

참고. 미완성 건물 판매 시 부가가치세 과세표준의 계산

부동산 법인이 상가를 신축하던 중 신축 중인 상가를 양도할 경우 과세표준은 다음과 같이 계산합니다.

판매가격 10억 원(부가가치세 별도 문구 표시)
기준시가 : 토지 3억 원 건물은 완성되지 않아 기준시가 없음.
장부가액 : 토지 2억 원, 건물 1억 원

건물분 부가가치세 과세표준의 계산

$$10억 \times \frac{건물\ 기준\ 가액}{토지기준가액 + 건물기준가액} = \frac{100,000,000}{300,000,000 + 100,000,000}$$
$$= 250,000,000$$

토지기준가액 : 개별공시지가

건물기준가액 : 장부가액(장부가액이 없으면 취득가액)

06 부가가치세를 환급받은 오피스텔을 주택으로 임대하면 환급받은 부가가치세를 납부해야 합니다

오피스텔을 분양받거나 매수하면서 부가가치세를 환급받은 후 그 오피스텔을 주택으로 임대하면 환급받은 부가가치세를 다시 신고하고 납부해야 하는데, 이를 면세전용이라고 합니다.

국세청이 부가가치세를 환급해준 이유는 오피스텔을 면세사업인 주택의 임대에 사용하지 않고 과세사업인 상가나 사무실 용도로 임대하면서 임대료와 별도로 부가가치세를 받아서 국가에 계속 부가가치세를 납부한다는 전제가 있었기 때문입니다.

부가가치세를 환급받은 후 다시 환급받은 금액을 부가가치세로 납부하지 않으려고 주거용으로 사용하려는 세입자에게 계약서 작성 시 전입신고를 하지 않는 조건을 넣기도 합니다. 그 오피스텔은 계속 공실 상태이고, 주거용으로 사용하지 않는 것으로 보여 국세청에서 주거용으로 사용하는 것을 확인 못하게 하기 위한 방법이라고 생각합니다. 하지만 국세청은 도시가스 사용 현황이나 전기요금 사용 현황 등의 확인을 통해서 공실 여부 및 주거용으로 사용 여부를 파악할 수 있습니다.

또한 오피스텔 보유 중 주택으로 임대했지만 환급받은 부가가치세를 운 좋게 다시 납부하지 않았다고 하더라도 오피스텔 판매 시 부가가치세를 매수자에게 매매대금과 별도로 추가 수령 후 국세청에 신고하고 납부해야 하는 문제점은 여전히 존재하는데, 매수자가 판매가격과 별도로 부가가치세를 지급하지 않으려고 한다면, 매수자 우위 시장에서는 결국 오피스텔 구입 시 환급받은 부가가치세는 다시 납부해야 합니다.

오피스텔을 분양받거나 취득할 때 부가가치세를 환급받았다면, 주택으로 임대하는 것보다 상가로 임대해야 부가가치세 문제가 발생하지 않습니다. 다음의 요건이 모두 충족된다고 하면 부가가치세 문제는 발생하지 않을 수 있습니다.

1) 상가로 사용할 세입자와 임대차 계약을 해야 합니다.
2) 임대료와 임대료에 대한 부가가치세를 별도로 받아 부가가치세를 국세청에 신고하고 납부해야 합니다.
3) 상가로 사용할 매수자에게 매도해야 합니다. 이때 포괄양도·양수 계약에 의해 오피스텔을 매도한다면 매도 시 부가가치세 문제는 발생하지 않을 수 있습니다.

> **참고**
>
> 포괄양도양수계약에 해당이 되면 매수자는 매도자에게 오피스텔 매매대금만 지급하고 별도로 부가가치세를 지급하지 않아도 되며 매도자는 국세청에 부가가치세를 신고·납부하지 않아도 됩니다.

포괄양도·양수계약에 해당하는지의 판단은 판단할 사항이 많고 어려운 내용이 많기 때문에 반드시 전문가들과 충분히 검토 후 진행하는 것이 좋습니다.

부가가치세법시행령 제41조 [주택과 이에 부수되는 토지의 임대 용역으로서 면세하는 것의 범위]

① 부가가치세법에서 열거된 면세대상에 해당하는 주택과 이에 부수되는 토지의 임대는 상시주거용(사업을 위한 주거용의 경우는 제외한다)으로 사용하는 건물(이하 '주택'이라 한다)과 이에 부수되는 토지로서 다음 각 호의 면적 중 넓은 면적을 초과하지 아니하는 토지의 임대로 하며, 이를 초과하는 부분은 토지의 임대로 본다.

1. 주택의 연면적

   (지하층 면적, 지상층 주차용 사용 면적 및 주민공동시설의 면적은 제외한다)

2. 건물이 정착된 면적의 5배(도시지역 밖의 토지의 경우에는 10배)를 곱하여 산정한 면적

부가가치세법 기본통칙 26-41-1 [주택임대용역의 면세범위]

'상시 주거용으로 사용하는 건물'이라 함은 공부상 용도에 관계없이 실제로 그 건물을 사용하는 임차자가 상시 주거용으로 사용하는지 여부에 의해 판단한다.

대법2016두41941(2016. 9. 7)

양도 당시 주택의 판단은 건물공부상의 용도구분에 관계없이 실제 용도가 사실상 주거에 공하는 건물인가에 의하여 판단하고 그 구조 및 기능이나 시설 등이 본래 주거용으로서 주거용에 적합한 상태에 있고 주거기능이 그대로 유지, 관리되고 있어 주택으로 사용할 수 있는 건물의 경우 주택으로 보아야 함.

심사양도2020-38(2020. 8. 26)

[제목] 쟁점오피스텔은 비주거용으로 주택에 해당하지 않고 쟁점임대주택이 장기임대주택에 해당하여 1세대 3주택의 양도에 해당하지 않는지 여부

[요약] 쟁점오피스텔은 주거에 필요한 시설을 갖추고 있고 임차인이 주거용으로 사용하고 있어 주택에 해당하고, 쟁점임대주택은 장기임대주택에 해당하지 않고 1세대 3주택의 양도에 해당함

[결정유형] 기각

서면4팀 -285(2005. 2. 23)

[제목] 오피스텔을 공실로 보유하는 경우 주택수 포함 여부

[요약] 공실로 보유하는 오피스텔의 경우 내부시설 및 구조 등을 주거용으로 사용할 수 있도록 변경하지 아니하고 당초 건축법상의 업무용으로 사용승인된 형태를 유지하고 있는 경우에는 주택으로 볼 수 없음

• **질의**

- 1996년부터 거주하고 있는 남편 명의의 1주택이 있습니다.

- 2003년 11월 부인이 오피스텔을 분양받아 임대사업자등록을 하고 부가가치세를 환급받았으며 임대료에 대하여 2004년 2기까지 부가가치세 확정신고도 하였으며 임차인이 2005년 1월 퇴거하여 현재 공실 상태에 있습니다.

- 오피스텔의 임대사업을 폐업하지 않고 공실 상태로 보유하던 중에 현재 거주하고 있는 아파트를 양도하려 합니다.

앞의 거주하는 주택을 양도하는 경우 1세대 1주택 비과세를 받을 수 있는지 여부

• **회신**

오피스텔을 취득하여 임대사업자등록을 하고 임대하는 경우 다른 주택의 양도일 현재 임차인이 당해 오피스텔을 상시 주거용으로 사용하는 사실이 확인되는 경우에는 이를 주택의 임대로 보고 관계법령을 적용하는 것입니다.

공실로 보유하는 오피스텔의 경우 내부시설 및 구조 등을 주거용으로 사용할 수 있도록 변경하지 않고 당초 건축법상의 업무용으로 사용승인된 형태를 유지하고 있는 경우에는 주택으로 볼 수 없는 것이며 이에 대하여는 관련 사실을 종합하여 판단할 사항입니다.

대법 2019두55767(2020. 2. 6)

[제목] (심리불속행) 이 사건 오피스텔을 주택으로 볼 수 있는지

[요약] 소득세법상 주택에 해당하는지 여부는 건물공부상의 용도구분에 관계없이 실제 용도가 사실상 주거에 공하는 건물인가에 의하여 판단하여야 함

07 | 주거용 오피스텔 판매 시 판매가격과 별도로 부가가치세를 추가로 받아야 합니다

부동산 법인의 부동산 판매 시 부가가치세 문제

부동산 법인은 부동산을 판매 시 판매가격에 추가로 부가가치세를 별도로 받아야 합니다.

매매계약서상 판매가격 = 토지 금액 + 건물 금액 + 건물에 대한 부가가치세

주택 판매 시 부가가치세가 면세되는 주택

주택 중 일부 주택은 부가가치세 면세 대상으로 열거가 되어 매수자에게 별도로 부가가치세를 추가로 받지 않아도 되고, 매수자 우위 시장에서 부가가치세를 추가로 못 받는 경우 판매자가 부담하지 않아도 됩니다.

❶ 부가가치세가 면세되는 주택의 조건

부가가치세 면세 대상으로 열거된 주택은 세대의 구성원이 장기간 독립된 주거생활을 할 수 있는 구조로 된 건축물의 전부 또는 일부 및 그 부속 토지로 건축법상의 주택(단독주택과 공동주택)으로 국민주택 규모 이하의 주택입니다.

국민주택 규모 이하의 주택이란 주거의 용도로만 쓰이는 면적(=주거 전용 면적)이 1호 또는 1세대당 $85\,m^2$ 이하인 주택입니다('수도권정비계획법'에 따른 수도권을 제외한 도시지역이 아닌 읍 또는 면 지역은 1호 또는 1세대당 주거전용 면적이 $100\,m^2$ 이하인 주택을 말한다).

❷ 국민주택 규모의 주거용 오피스텔의 부가가치세 면세 적용 여부

부가가치세법에서 면세 대상으로 열거하고 있는 주택은 건축법상 주택입니다. 주거용 오피스텔은 건축법상 주택이 아닌 건축법상 준주택에 해당하므로 부가가치세 면세 대상에 포함되지 않습니다. 따라서 국민주택 규모의 주거용 오피스텔을 판매하더라도 부가가치세 면세 대상에 포함되어 있지 않아 부가가치세를 매매대금과 별도로 받아서 세무서에 신고하고 납부해야 합니다. 국민주택 규모인 주거용 오피스텔의 매수자는 별도로 지급한 부가가치세를 사업용으로 임대 시 환급받을 수 있으나 주거용으로 임대 시에는 환급을 받을 수 없습니다.

주거용으로 사용 가능한 오피스텔을 신축하여 분양하는 경우에 있어 1호당 전용면적이 85㎡ 이하인 경우에도 당해 건물의 공급에 대하여는 부가세가 면제되는 국민주택의 공급에 해당되지 아니함(재부가-563, 2014. 9. 24 외)

부가가치세가 면제되는 국민주택의 공급은 주택법에 따른 국민주택 규모 이하의 주택 공급에 한해 적용하는 것으로 오피스텔은 주택법에 의한 주택이 아니므로 면세를 적용할 수 없는 것임(재부가-608, 2015. 11. 12 ; 부가-0515, 2017. 10. 12 외).

주거용 오피스텔을 판매하는 경우의 부가가치세

❶ 면세사업인 주택임대사업에 사용하던 과세 오피스텔의 판매 시 부가가치세 문제

주택을 임대하는 주택임대업은 면세사업에 해당됩니다. 주된 사업과 관련해 일시적으로 공급되는 재화 또는 용역은 주된 사업의 과세 및 면세 여부에 따라 그 면세 여부가 결정됩니다. 주택임대업은 면세사업입니다. 따라서 면세사업과 관련해 일시적으로 공급되는 오피스텔은 과세 대상에 해당이 되어도 주된 사업의 과세 및 면세 여부에 따라 결정되므로, 오피스텔의 공급은 과세 대상 물건이지만 부가가치세 면세 대상에 해당됩니다.

부가-1030(2014. 12. 30)

[제목] 법인이 오피스텔 양도 시 부가가치세 과세 여부

[요약] 과세사업에 공하던 오피스텔 매각 시에는 재화의 공급으로 부가가치세가 과세되는 것이며, 면세사업(상시주거)에 공하던 오피스텔 매각 시에는 부가가치

세가 면제됨

[질의]

(사실관계)

제조업을 영위하는 법인으로서 2007년 법인 명의로 오피스텔을 취득하였으며, 취득 당시 개인으로부터 분양권 전매 형태로 취득하였고, 세금계산서를 수취한 사실이 없으므로 매입세액공제를 받은 사실이 없으며 오피스텔 보유기간 동안 대표이사의 아버지가 상시거주용으로 계속 사용(무상임차)하던 중 2014년 제3자 개인에게 양도하였음

(질의내용)

법인명의 오피스텔 양도 시 건물분에 대한 부가가치세 과세 여부

[회신] 과세사업에 공하던 오피스텔 매각 시에는 재화의 공급으로 부가가치세가 과세되는 것이며, 면세사업(상시주거)에 공하던 오피스텔 매각 시에는 부가가치세가 면제되는 것입니다.

❷ 면세사업에 사용하기 위해 매수한 오피스텔 분양권의 판매 시 부가가치세

오피스텔을 주택으로 임대해 면세사업으로 사용하던 중 그 오피스텔을 판매하게 될 때 주된 사업이 면세사업이고, 이와 관련해 일시적으로 공급되는 재화에 해당이 되면 부가가치세가 발생하지 않습니다.

오피스텔을 신축·취득하여 상시 주거용으로 임대하다가 양도하는 경우에는 면세사업과 관련된 일시적·우발적 공급으로 부가가치세가 면제됨(부가-0607, 2017. 09. 28)

하지만 오피스텔의 분양권의 경우 아직 주택임대사업에 사용되지 않아서 면세사업에 사용되었다고 볼 수 없습니다. 따라서 오피스텔 분양권은 판매 시 부가가치세가 과세됩니다.

❸ 주거용 오피스텔을 매수해 부가가치세를 환급받고 판매 않고 주거용으로 임대하는 경우

사업자가 과세사업과 관련해 취득한 재화로서 매입세액이 공제된 재화를 자기의 면세사업을 위해 직접 사용하거나 소비하는 것(=면세전용)을 재화의 공급으로 규정해 부가가치세를 신고하고 납부하도록 하고 있습니다.

1) 주거용으로 일부 임대하는 경우

사업자가 과세사업에 사용하기 위해 근린생활시설 및 오피스텔을 신축하며 관련 매입세액을 전액 공제받은 후 오피스텔 중 일부를 주거용으로 임대하는 경우 면세전용에 해당하기 때문에 부가가치세를 신고하고 납부해야 합니다.

2) 사업용으로 임대하다가 주거용으로 전부 임대하는 경우

사업자가 과세사업을 영위하기 위해 근린생활시설 및 오피스텔을 신축하며 관련 매입세액을 전액 공제받은 후 오피스텔을 사업용으로 임대하다가 주거용으로 임대하는 경우 면세전용에 해당하기 때문에 부가가치세를 신고하고 납부해야 합니다.

3) 준공 후 주거용으로 전부 사용하는 경우(참고 : 부가-3617, 2018. 5. 14)

오피스텔 분양받아 과세 사업으로 사용하기 위해 부가가치세를 환급받았으나 준공 후 주택임대사업자로 전환하는 경우에는 전환 하는 시점에 면세전용으로 과세하지 않으며, 처음부터 면세사업 자로 보고 부당하게 부가가치세와 초과환급신고가산세 및 환급불 성실가산세가 과세됩니다.

08 부동산 법인에서 보유한 부동산 중 하나를 판매 시 포괄양도·양수 계약으로 하면 부가가치세를 매수자에게 받지 않아도 되나요?

부동산 매매법인이 부동산 판매 시 판매가격과 별도로 부가가치세를 매수자에게 추가로 받아서 신고하고 납부를 해야 합니다. 하지만 다음 경우와 같이 매수자에게 부가가치세를 별도로 받기 어려운 상황이 발생할 경우 부가가치세를 매도자가 부담해야 할 수 있습니다.

1) 매도자의 물건과 유사 물건을 사업자가 아닌 개인도 판매하는 경우로 개인은 부가가치세가 발생하지 않는 경우

2) 매수자 우위 시장에서 매수자가 매수 이후 주택임대와 같은 면세 사업에 부동산을 사용하는 경우로 매수자가 별도 지급한 부가가치세를 환급받을 수 없는 경우

3) 매수자가 부가가치세를 별도로 지급 후 전액 환급받을 수 있다고

하더라도 매수 시점에 매수자금 확보도 어려워 부가가치세까지
부담하기에 어려움이 있는 경우

이때 매도자와 매수자는 부동산 매매 계약 시 포괄양도·양수계약을
체결해 부가가치세가 발생하지 않는 거래로 처리하는 경우가 있습니다.

부가가치세법 제10조 [재화 공급의 특례]
⑨ 다음 각 호의 어느 하나에 해당하는 것은 재화의 공급으로 보지 아니한다.
2. 사업 양도

부가가치세법 시행령 제23조 [재화의 공급으로 보지 아니하는 사업 양도]
사업장별로 그 사업에 관한 모든 권리와 의무를 포괄적으로 승계시키는 것을 말한다.

하지만 부동산 매매법인의 경우 매매계약서에 포괄양도양수문구를
넣는다고 하더라도 사업의 일부만 판매하는 것이기 때문에 사업의 양
도에 해당하지 않아 부가가치세 문제가 발생할 수 있습니다.

부동산 매매업자의 부동산의 양도
① 상가건물을 매입하여 판매하는 부동산 매매업자의 경우 현실적으로 모든 권리와 의
무를 포괄적으로 양도하고 있으므로 부가가치세 과세대상이 아니라고 생각하기 쉬
우나 모든 권리와 의무 중 일부에 불과한 재고자산만을 판매한 것이며, 폐업을 전제
로 한 포괄양수도가 아닌 계속사업자에 해당하므로 포괄적인 양도양수에 해당되지
않는다고 봄이 타당하다(부가 46015-1261, 1993. 7. 20, 서면 3팀-291, 2008. 2. 5).
② 부동산 매매업을 영위하는 사업자가 분양목적으로 주거용과 비주거용 건물을 신축
하였으나 분양되지 아니하여 일시적·잠정적으로 해당 부동산을 임대하다가 분양
하는 경우에는 부동산 매매업에 해당하는 것으로 해당 사업자가 일시적·잠정적으

로 임대하던 비주거용 부동산(상가)을 양도하는 경우에는 사업의 양도에 해당하지 아니하는 것이다(법규부가 2011-465, 2011. 11. 28, 조심 2011서2248, 2011. 9. 22).

③ 부동산 매매업자가 모든 사업부지에 대한 모든 권리와 의무를 포괄적으로 승계시키는 경우 사업양도에 해당하나 사업양도에 해당하지 아니하는 경우 해당 분양사업과 관련된 사업권의 양도는 과세대상이다(부가-826, 2014. 10. 6).

즉, 포괄양도와 동시 폐업하는 경우에 이 해석 적용이 가능하고, 계속하여 매매업을 영위하는 경우에는 부동산 매매업자는 포괄양수도가 적용되지 않는다.

앞과 같이 부동산 매매업 법인의 경우에는 보유 중인 부동산 중 하나를 매도하더라도 사업의 양도에 해당하지 않으므로 부가가치세를 매수자에게 매매대금과 별도로 받아서 국세청에 신고하고 납부해야 합니다.

하지만 부동산 임대업 법인의 경우에는 임대업에 사용하던 부동산 중 하나를 매도하더라도 사업의 양도에 해당할 수 있습니다.

하나의 사업자등록번호로 다수의 부동산 임대업을 영위하다가 일부 양도

㉠ 사업자가 다수의 사업장에 대하여 하나의 사업자등록번호로 부동산 임대업을 영위하다가 그중 하나의 사업장에 관한 모든 권리와 의무를 포괄적으로 승계시키는 경우에는 사업의 양도에 해당한다(부가-892, 2009. 3. 6, 부가-1150, 2010. 9. 1. 부가-1440, 2011. 11. 18).

㉡ 사업자가 구분 등기된 두 개의 상가를 취득하여 납세 편의상 하나의 사업자등록번호를 발급받아 하나의 상가에서는 부동산 임대업을 영위하고, 나머지 상가에서는 도매업을 영위하던 중 사업을 양도함에 있어 부동산 임대업을 영위하던 상가에 관한 모든 권리와 의무를 포괄적으로 승계시키나, 도매업을 영위하던 상가에 관한 모든 권리와 의무는 승계시키지 아니하는 경우 부동산 임대업을 영위하던 상가양도는 사업의 양도에 해당하는 것임(부가-1150, 2010. 9. 1, 법규부가 2013-15, 2013. 1. 31).

판매하는 부동산이 매매목적으로 보유하는 부동산인지, 임대목적으로 보유하는 부동산인지의 판단이 사업양도 결정에 중요한 판단근거가 될 수 있습니다.

임대하고 있다가 판매하더라도 매매목적으로 보유 중 일시적으로 임대하는 부동산이라고 판단이 된다면, 사업의 양도에 해당되지 않을 수 있으므로 그 판단을 신중히 해야 합니다.

09 | 분양권이나 조합원입주권 매도 시 계산서나 세금계산서를 발급해야 됩니다

법인이 부가가치세가 면세 대상인 토지 및 건축물을 공급하는 경우 계산서를 발급하지 않아도 됩니다. 하지만 분양권이나 조합원입주권을 판매하는 경우에는 세금계산서나 계산서를 반드시 발급해야 합니다. 분양권이나 조합원입주권은 토지 및 건축물을 취득할 수 있는 권리일 뿐 토지나 건축물이 아니기 때문에 발급하지 않아도 되는 것으로 열거된 토지 및 건축물에 포함되지 않습니다.

참고 | 법인세법 제121조 [계산서의 작성·발급 등]

법인이 재화나 용역을 공급할 때 부가가치세법상 면세 대상인 경우 계산서 등을 작성하여 공급받는 자에게 발급하여야 하며 계산서는 전자계산서를 발급하여야 합니다. 다만 법인이 부가가치세 면세 대상인 토지 및 건축물을 공급하는 경우에는 계산서를 발급하지 않아도 됩니다.

분양권이나 조합원입주권 매도 시 세금계산서를 발급해야 하는 경우

❶ 분양권이나 조합원입주권이 상가나 공장 등 건축물로 변경되는 경우

❷ 분양권이나 조합원입주권이 주택으로 변경되는 경우로 전용면적이 85m^2가 초과되는 경우

부가가치세가 발생하는 경우 매매 가격 중 건물 가격에 해당하는 금액은 세금계산서를 발급해야 하며, 토지 가격에 해당하는 금액은 계산서를 발급해야 합니다.

분양권이나 조합원입주권 매도 시 계산서를 발급해야 하는 경우

분양권이나 조합원입주권이 주택으로 변경되는 경우로 전용면적이 85m^2 이하인 분양권이나 조합원입주권 판매의 경우 부가가치세 면세 대상입니다. 건물의 판매와 토지의 판매 모두 면세에 해당이 되어 계산서를 발급해야 합니다.

세금계산서와 계산서 발급 대상 금액

❶ 발급 대상 금액

세금계산서나 계산서 발급 시 그 금액은 총매매대금도 아니고, 분양 금액도 아닙니다. 매매계약서상 정산지불금으로 실제 매도자와 매수자 간 거래한 금액을 의미하며, 납입금액에 프리미엄을 합한 금액이 발급 대상 금액입니다. 발급 대상 금액 중 부가가치세 과세 대상은 세금계산 서를 발급해야 하며, 면세 대상 금액은 계산서를 발급해야 합니다.

❷ 세금계산서 발급 대상의 구분

1) 발급 대상 금액 중 토지분 판매금액은 부가가치세 면세 대상이므로 계산서 발급 대상입니다.

2) 발급 대상 금액 중 국민주택 규모 이하 주택 판매금액은 면세 대상이므로 계산서 발급 대상입니다.

3) 발급 대상 금액 중 그 외 판매금액은 부가가치세 과세 대상이므로 세금계산서 발급 대상입니다.

❸ 매매대금의 건물분 금액과 토지분 금액의 계산

(납입금액 + 프리미엄) × 건물분 기준 금액 / (건물 기준 금액 + 토지 기준 금액)

❹ 세금계산서나 계산서의 발급시기

세금계산서나 계산서는 재화가 인도되거나 이용 가능하게 되는 때 매수자에게 발급해야 합니다. 다만 관계증명서류 등에 따라 실제 거래 사실이 확인되는 경우로서 해당 거래일을 작성연월일로 해서 세금계산서를 발급하는 경우, 공급일이 속하는 달의 다음 달 10일까지 발급할 수 있습니다(그날이 공휴일 또는 토요일인 경우에는 바로 다음 날까지 발급할 수 있습니다).

10 | 법인의 부동산을 수선하는 경우 수선 항목에 따라 세금 차이가 크게 발생합니다

부동산 법인의 법인세 종류는 다음과 같이 4가지입니다.

각 사업연도 소득에 대한 법인세(매년)

청산소득에 대한 법인세(청산시점)

토지 등 양도소득에 대한 법인세(특정 부동산 판매 시)

미환류 소득에 대한 법인세(조세특례제한법 100조의 32)

각 사업연도 소득에 대한 법인세는 매년(=각 사업연도) 발생하는 소득 (수익-비용=소득)에 대한 세금이며, 청산소득에 대한 법인세는 청산 시점에 계산하는 세금으로, 각 사업연도 소득에 대한 법인세로 과세되지 않는 소득 누적액에 대해 과세하는 세금입니다.

토지 등 양도소득에 대한 법인세

법인세는 각 사업연도 소득에 대한 법인세를 먼저 계산하고, 법인이 보유하는 부동산 중 특정 부동산을 판매로 소득이 발생하는 경우 토지 등 양도소득에 대한 법인세를 한 번 더 계산해서 그 합계금액을 신고하고 납부하도록 되어 있습니다.

그래서 토지 등 양도소득에 대한 법인세를 추가 법인세라고 하기도 합니다.

❶ 토지 등 양도소득에 대한 법인세 과세대상 부동산

주택을 취득하기 위한 권리로서 조합원 입주권(20%)

주택을 취득하기 위한 권리로서 분양권(20%)

주택(20%)(미등기 40%)

비사업용 토지(10%)(미등기 40%)

❷ 토지 등 양도소득에 대한 법인세 계산과 각 사업연도 소득에 대한 법인세의 계산 산식

```
  판매가격
- 취득가격 및 취득 부대비용
- 취득가격에 포함되는 취득 후 지출 중 자본적 지출액
─────────────────────────────────────
= 토지 등 양도소득에 대한 법인세 과세대상 소득
- 법인의 각 사업연도 운영경비(수익적 지출액 포함)
─────────────────────────────────────
= 각 사업연도 소득에 대한 법인세 과세대상 소득
```

자본적 지출액은 토지 등 양도소득에 대한 법인세도 줄이고, 각 사업연도 소득에 대한 법인세도 줄이는 경비이나 수익적 지출은 토지 등 양도소득에 대한 법인세는 줄이지 않고, 각 사업연도 소득에 대한 법인세만 줄일 수 있습니다.

❸ 토지 등 양도소득에 대한 법인세 계산 시 적용되는 세율

토지 등 양도소득에 대한 법인세 과세대상 소득×22%

(법인세율+지방소득세율)(20%+2%)

토지 등 양도소득에 대한 법인세를 줄일 수 있는 수선공사의 종류

❶ 토지 등 양도소득에 대한 법인세 계산

(판매금액 - 양도 당시 장부가액)×22%

= (판매금액 - 취득가액 - 취득부대비용 - 자본적 지출에 해당하는
  공사비용 등)×22%

❷ 토지 등 양도소득 계산 시 경비처리 되는 자본적 지출에 해당하는 공사비용 등

토지 등 양도소득을 줄여주는 자본적 지출에 해당하는 공사항목은
다음과 같습니다.

자본적 지출이 있는 경우, 그 금액을 경비처리 후 토지 등 양도소득을 계산합니다.

법인이 소유하는 자산의 내용연수를 연장시키거나 해당 자산의 가치를 현실적으로 증가시키기 위하여 지출한 수선비를 말하며, 다음 각 호의 어느 하나에 해당하는 것에 대한 지출을 포함한다.

1. 본래의 용도를 변경하기 위한 개조
2. 엘리베이터 또는 냉난방장치의 설치
3. 빌딩 등에 있어서 피난시설 등의 설치
4. 재해 등으로 인하여 멸실 또는 훼손되어 본래의 용도에 이용할 가치가 없는 건축물·기계·설비 등의 복구
5. 그 밖에 개량·확장·증설 등 제1호부터 제4호까지의 지출과 유사한 성질의 것
6. 증축공사비용

'용도변경이나 개량 또는 이용편의를 위해서 지출한 비용'으로 '해당 부동산을 사용할 수 있는 기간이 늘어나거나 자산가치가 현실적으로 상승해야 한다'라는 두가지 조건을 충족해야 합니다.

법령에는 구체적 명시가 없으나 필요경비로 인정되는 자본적 지출의 범위를 보면 다음과 같습니다.

1. 발코니 새시공사
2. 방 등의 확장공사
3. 냉난방시설 교체비용
4. 토지 조성비
5. 산림복구설계비
6. 용도변경 및 대수선 공사와 관련된 싱크대 공사비, 디지털 도어락 설치비, 가스공사비(심사양도 2017-22, 2017. 6. 20)
7. 상하수도 배관교체공사(심사양도 2005-201, 2006. 1. 23)

소득세집행기준 33-67-2 [자본적 지출과 수익적 지출의 구분]

① 자본적 지출과 수익적 지출은 다음과 같이 한다.

구분	자본적 지출	수익적 지출
구분기준	감가상각자산의 내용연수를 연장시키거나 해당 자산의 가치를 현실적으로 증가시키기 위해 지출한 수선비	감가상각자산의 원상을 회복시키거나 능률 유지를 위해 지출한 수선비
예시	1. 본래의 용도를 변경하기 위한 개조 2. 엘리베이터 또는 냉난방장치의 설치 3. 빌딩 등의 피난시설 등의 설치 4. 재해 등으로 인하여 건물·기계·설비 등이 멸실 또는 훼손되어 해당 자산의 본래 용도로의 이용가치가 없는 것의 복구 5. 기타 개량·확장·증설 등 제1호부터 제4호까지와 유사한 성질의 것	1. 건물 또는 벽의 도장 2. 파손된 유리나 기와의 대체 3. 기계의 소모된 부속품 또는 벨트의 대체 4. 자동차 타이어의 대체 5. 재해를 입은 자산에 대한 외장의 복구·도장 및 유리의 삽입 6. 기타 조업 가능한 상태의 유지 등 제1호부터 5호까지와 유사한 성질의 것

심사양도 2010-225(2010. 9. 13)

서면2팀-1208(2005. 7. 26)

[제목] 토지 등 양도소득에 대한 과세특례

[요약] 토지 등 양도소득에 대한 과세특례 적용 시 장부가액은 세무상 장부가액을 말하는 것임

PART

02

부동산 법인
필수 운영 사례 2

01 법인이 자금차입으로 인한 이자 지급 시에는 세금을 차감하고 이자를 지급해야 합니다

부동산 법인으로 주택이나 부동산을 취득 시 부동산 취득자금에 대한 증빙이 필요합니다. 자금조달계획서나 증빙서류 제출 의무가 존재하는 주택 취득의 경우에는 조사로 연결될 가능성이 크기 때문에 차입에 관련된 서류를 꼼꼼하게 준비해두지 않으면 큰 손실을 볼 수 있습니다. 부동산 취득금액에 대한 자금조달은 회사가 가지고 있는 자금으로 하며 부족하면 빌려서 조달하게 됩니다.

법인이 자금을 차입하는 대상의 구분
① 특수관계자에게 차입 vs 특수관계자가 아닌 자에게 차입
② 채권자가 개인 vs 채권자가 법인

특수관계자 차입과 특수관계자가 아닌 자의 차입

자금을 빌려주고 빌려 받을 때는 이자율을 결정해야 합니다. 이때 결정되는 이자율은 빌려주는 자(=채권자)와 자금을 빌려 받는 자(=채무자) 간 합의에 의해 결정되는 것이므로, 연 4.6%를 이자율로 해야 한다는 것은 정확한 정보가 아닙니다.

채권자와 채무자가 특수관계자가 아닌 경우의 자금대여 거래는 채권자와 채무자 간 합의된 이자율의 결정을 적정하다고 보고, 4.6%보다 낮게 받거나 높게 받아도 세법에서는 관여하지 않습니다. 다만 특수관계자 간의 자금대여 거래에서는 이자율을 연 4.6%보다 낮게 받고 빌려주는 경우, 4.6%와 실제 지급되는 이자율과의 차액을 채권자가 채무자에게 이익을 증여했다고 보고 세금을 과세합니다(단, 연 4.6%의 이자금액과 실제 이자금액의 차액이 1년에 1,000만 원 이내이면 과세 안 됨).

상속세 및 증여세법 제41조의 4 [금전 무상대출 등에 따른 이익의 증여]

타인으로부터 금전을 무상으로 또는 적정 이자율보다 낮은 이자율로 대출받은 경우에는 그 금전을 대출받은 날에 다음 각 호의 구분에 따른 금액을 그 금전을 대출받은 자의 증여재산가액으로 한다.

다만, 다음 구분에 따른 금액이 연간 1,000만 원 미만인 경우는 과세를 하지 않는다.

1. 무상으로 대출받은 경우 : 대출금액에 적정 이자율(연 4.6%)을 곱하여 계산한 금액
2. 적정 이자율보다 낮은 이자율로 대출받은 경우 : 대출금액에 적정 이자율(연 4.6%)을 곱하여 계산한 금액에서 실제 지급한 이자 상당액을 뺀 금액

법인에 돈을 빌려주는 채권자가 개인인 경우와 법인인 경우

채무자인 법인이 채권자에게 이자를 지급할 때 세금을 차감하고 지급해야 합니다. 이자를 지급할 때 세금을 차감하고 지급하는 것을 세법에서는 '원천징수'라고 하며, 원천징수일이 속하는 달의 다음 달 10일까지 국세청에 신고하고 납부해야 합니다.

법인은 이자를 지급할 때 이자지급액의 27.5%(소득세 25%+지방소득세 2.5%)의 세금을 원천징수하고 채권자에게 지급합니다. 원천징수한 27.5%는 국가와 지방자치단체에 신고 납부합니다.

❶ 채권자가 개인인 경우 세금신고

개인이 법인에게 자금을 빌려주고 이자를 받는 경우 이자의 27.5%를 차감하고 받습니다. 개인의 1년 이자소득과 배당소득금액의 합계액이 2,000만 원 이하인 경우 추가 세금이 없으나 그 이상인 경우 종합소득에 합산계산이 되어 추가 세금이 발생할 수 있습니다. 개인은 높은 세율을 적용한 종합소득세를 다시 계산해 이자소득세 27.5%를 기납부세액으로 차감 후 나머지 세금을 납부해야 합니다.

❷ 채권자가 법인인 경우 세금신고

법인이 법인에게 자금을 빌려주고 이자를 받는 경우 이자의 27.5%를 차감하고 받습니다. 이자를 받은 법인은 다른 소득과 이자소득을 합산해 법인세를 계산하고 원천징수되어 국세청에 채무자가 미리 납부한 27.5% 금액을 차감하고 난 세금을 납부하게 됩니다.

❸ 은행에 이자를 지급하는 법인의 원천징수

은행을 포함한 대통령령으로 정하는 금융회사에 이자를 지급하는 경우에는 원천징수를 하지 않습니다.

02 | 기준시가 1억 원 이하의 주택은 부동산 법인으로 취득하는 것이 좋습니다

법인으로 주택을 취득할 경우 취득가격 기준 13.4% 또는 12.4%의 취득세가 발생합니다. 높은 세율의 취득세 때문에 현실적으로 법인으로 주택을 취득하는 것은 어렵습니다(취득세 12%+농어촌특별세 1%+지방교육세 0.4%, 주거전용면적 85㎡ 이하는 농어촌특별세 제외).

하지만 정비구역으로 지정되었거나 사업시행구역에 소재하는 주택이 아닌 시가표준액이 1억 원 이하인 주택은 취득세 중과 대상 제외이므로 취득가격의 1.1%의 취득세가 발생합니다(지분이나 부속 토지만을 취득한 경우에는 전체 주택의 시가표준액이 1억 원 이하인 주택).

시가표준액 1억 원 이하의 주택은 개인으로 주택 취득 시 기존 주택이 다주택 중과세율을 적용받거나 1주택 상태에서 취득 시 기존 주택의 비과세에 영향을 줄 수 있기 때문에 개인보다 부동산 법인으로 취득하는 것이 좋습니다.

시가표준액 1억 원 이하의 주택이 재개발이나 재건축이 되는 경우 기존 주택은 새로운 아파트 토지의 취득이 되는 것이며, 기존 주택의 취득세는 신규 주택의 토지분 취득세가 되는 것입니다. 또한, 신규 주택의 건축물 취득세는 원시취득으로 2.96%(3.16%)가 발생하기 때문에 법인이 신규 주택을 취득할 때 적용받는 12.4%(13.4%)와 취득세 차이가 크게 발생합니다.

이러한 시가표준액 1억 원 이하의 아파트를 자녀 명의의 부동산 법인에서 취득한다면, 취득 시 자금부담도 크게 없으며 취득세 중과도 적용되지 않습니다. 또한, 조합원입주권으로 변경 시 보유세가 발생하지 않아 장기 투자가 가능하며, 상속세 및 증여세도 크게 줄일 수 있습니다. 부동산 법인이 시가표준액 1억 원 이하의 주택을 취득하는 경우 취득세와 보유세 및 판매 시의 세금에 대해 알아보도록 하겠습니다.

취득세

취득세 중과 대상은 법인의 주택 취득입니다. 다만, 시가표준액 1억 원 이하의 주택의 취득은 취득세 중과세율을 적용받지 않습니다. 또한, 주택 외의 상가나 다른 부동산의 경우 취득세 중과가 없기 때문에 법인으로 취득해도 개인 취득과 비교할 때 법인이 더 높은 세율을 적용받지 않습니다.

조합원입주권매수 취득

취득가격 기준 4.6%(토지 취득)(취득세 4% + 농어촌특별세 0.2% + 지방교육세 0.4%)

조합원입주권증여 취득

토지공시지가 기준 4%(취득세 3.5% + 농어촌특별세 0.2% + 지방교육세 0.3%)

조합원입주권에 의한 주택 취득(원시 취득으로 분류됨) : 2.96% 또는 3.16%

[취득세 2.8% + 농어촌특별세(85㎡ 이하는 비과세) 0.2% + 지방교육세 0.16%]

토지 : 취득가격 4.6%[취득세 4% + 농어촌특별세 0.2% + 지방교육세 0.4%]

건물 : 취득가격 4.6%[취득세 4% + 농어촌특별세 0.2% + 지방교육세 0.4%]

주택 : 취득가격 13.4%[취득세 12% + 농어촌특별세(85㎡ 이하는 비과세) 1% + 지방교육
세 0.4%]

종합부동산세

법인이 부동산을 보유하는 경우 재산세와 종합부동산세가 발생합니
다. 재산세는 투자에 제약을 줄 정도의 큰 금액이 아니므로 판단의 대
상에서 제외하고 종합부동산세에 대해 알아보도록 하겠습니다.

❶ 법인이 보유하는 주택의 종합부동산세

1) 법인 보유 주택이 3주택 이상이거나 2주택 보유의 경우 2주택 모
   두 조정지역에 있는 경우 : 공시지가의 7.2%(종합부동산세 6%+농어촌
   특별세 1.2%, 농어촌특별세는 종합부동산세의 20%)

2) 법인 보유 주택이 1주택인 경우와 2주택으로 둘 중 한 채라도 조
   정지역에 있지 않은 경우 : 공시지가의 3.6%(종합부동산세 3%와 농어
   촌특별세 0.6%, 농어촌 특별세는 종합부동산세의 20%)

2022년 개정세법(안)에 종합부동산세 세율 인하가 예정되어 있습니다.

국회 통과 시 2023년부터 법인의 종합부동산세 최고세율이 7.2%에서 3.24%로 크게 줄어들기 때문에 법인의 주택 취득이 늘어날 것으로 예상됩니다.

현행			개정안	
주택분 종합부동산세 세율 2주택자로서 2주택이 모두 조정대상지역에 있는 경우는 3주택 이상 세율을 적용			**법인 주택분 종합부동산세 세율 인하**	
과세표준	2주택 이하	3주택 이상*	과세표준	세율
법인 주택 종합부동산세	3.0%	6.0%	법인 주택 종합부동산세	2.7%
법인 주택 농어촌특별세	0.6%	1.2%	법인 주택 농어촌특별세	0.54%
농어촌특별세 종합부동산세세율 × 20%			농어촌특별세 종합부동산세세율×20%	

〈적용시기〉 '23. 1. 1 이후 납세의무가 성립하는 분부터 적용

　법인으로 취득하는 시가표준액 1억 원 이하의 주택은 기존 주택이 있는 개인의 경우 추가 취득하는 주택에 적용되는 종합부동산세율과 비교했을 때 크지 않은 금액입니다. 또한, 법인이 보유하는 주택이라 하더라도 재개발 재건축 조합원입주권으로 변경 시 종합부동산세가 발생되지 않기 때문에 장기 투자 목적으로는 적합합니다.

법인세

법인이 보유 주택을 판매하는 경우 신고하고 납부하는 법인세는 2가지입니다.

❶ 각 사업연도 소득에 대한 법인세

판매가격
- 취득가격 및 취득 시 발생하는 비용(취득세, 법무사 수수료, 공인중개사 수수료 등)
- 보유 시 발생하는 비용 중 자본적 지출액
- 보유 시 발생하는 비용 중 수익적 지출액
- 기타운영비용(이자비용, 차량유지비, 급여, 접대비 등)
= 과세표준
× 법인세율(10%)(20%)(지방소득세 별도)
= 각 사업연도 소득에 대한 법인세

❷ 토지 등 양도소득에 대한 법인세

판매가격
- 취득가격 및 취득 시 발생하는 비용(취득세, 법무사 수수료, 공인중개사 수수료 등)
- 보유 시 발생하는 비용 중 자본적 지출액
= 과세표준
× 법인세율(20%)(지방소득세 별도)
= 토지 등 양도소득에 대한 법인세

03 부동산 법인을 상속세와 증여세 절세목적으로 활용하려면 어떻게 해야 하나요?

부동산 법인을 만들어 운영하는 주된 목적은 절세입니다

취득세와 보유세 및 양도소득세는 부동산 투자 검토 시 장애물이 되는 현실적인 세금으로 절세의 주된 대상이며, 취득 이전부터 검토해야 하는 세금입니다. 하지만 투자에 성공한 후 많은 자산을 보유하고 있는 상황을 가정하면, 상속세 및 증여세가 가장 부담스럽고 억울한 세금이며 절세의 주된 대상이 될 것입니다. 실제로 주위의 많은 고액 자산가들이 고민하는 것은 취득세와 보유세가 아닌 상속세와 증여세입니다.

따라서 부동산 법인으로 투자하는 주된 목적이 절세라고 하면, 취득세와 보유세의 검토가 중요하지만, 상속세 및 증여세를 고려하지 않고 법인을 설립하고 운영하는 것은 큰 의미가 없습니다. 특히 기준시가 1억 원 이하의 주택이나 토지 또는 상가의 경우 취득세와 보유세 문제가 크게 없기 때문에 장기 투자 목적으로 취득할 수 있으며, 부동산 법인을 만들어 먼저 대출을 발생시켜 부동산을 취득한 후 주식을 자녀에게 증여한다면 상속세 또는 증여세를 크게 절세할 수 있습니다.

법인의 주식 이동 시 반드시 세무사에게 그 내용을 반드시 전달해야 합니다

법인의 주식은 증여나 양도 등의 형식으로 이전할 수 있습니다. 법인 주식을 이전할 계획이 있는 경우 가장 먼저 세무사와 주식 이동 관련 절차와 세금에 대해 검토할 필요가 있습니다.

❶ 법인의 주주 변경이 있는 경우 법인세를 신고할 때 주식변동상황명세서를 제출해야 합니다

세법은 법인세 신고 시 주주변동이 있는 경우에만 주식변동상황명세서를 제출하도록 했으며, 국세청은 주주변동이 있는 법인을 주식변동상황명세서의 첨부 유무로 보다 쉽게 확인할 수 있게 되어 주식 변동 시 탈세의 시도에 대한 검토에 집중할 수 있게 되었습니다.

❷ 주식을 특수관계자에게 양도 또는 증여 시 시세를 기준으로 계약서를 작성해야 합니다

주식을 자녀나 특수관계자에게 양도 또는 증여할 때 주식의 실제 가치인 시가 기준으로 양도 계약서나 증여 계약서를 작성하지 않고 낮은 액면가액 기준으로 계약서를 작성하고 이전하는 경우가 많이 있습니다. 국세청은 신고된 주식변동상황명세서를 통해 주식 이동 사실을 정확하게 확인할 수 있고, 저가거래 등 모든 경우의 주식 이동에 대한 적정성 여부를 검토합니다.

한편, 주식 변동이 있었으나 주식변동상황명세서를 법인세 신고 시 미첨부한 법인은 가산세를 부과합니다.

주식이 이동되어 주주가 변경된 사실을 세무사 사무실에서 파악하기 힘들기 때문에 반드시 주주변동이 있는 경우 세무사 사무실에 그 사실을 알려서 불필요한 가산세가 발생하지 않도록 해야 합니다.

주식 등 변동상황명세서 미제출 가산세
- 가산세 해당 사유
  명세서를 제출하지 않은 경우
  명세서에 주식변동상황을 누락해 제출한 경우
  제출한 명세서가 불분명한 경우에 해당하는 경우
- 가산세 금액
  미제출이나 누락제출 및 불분명한 주식 등의 액면금액 또는 출자가액의 100분의 1

주식등변동상황명세서

법인설립 시점부터 투자와 운영 전 과정에서 상속세 절세는 계속 검토되어야 합니다

❶ 법인설립 시 주주 구성을 100% 자녀로 한다면, 법인 재산은 상속세가 발생하지 않습니다

부동산 법인의 재산은 주주의 재산입니다. 고액 자산가가 100% 주식을 보유하고 있는 법인은 고액 자산가의 사망 시 상속재산가액에 주식의 가격이 포함됩니다. 따라서 부동산 법인 재산에서 부채를 차감한 금액에 최고 50% 세금이 발생할 수 있어 상속 후 법인 운영이 어려울 수 있습니다. 부동산 법인설립 시 고액자산가가 아닌 자녀 명의로 100% 주주를 구성해 설립 후 재산가치를 상승시킨다면 부동산 법인 재산은 상속세가 발생하지 않습니다.

❷ 미성년자가 100% 주주이면 대출에 문제가 발생할 수 있습니다

법인에 자금을 대여하는 금융기관의 대출가능 여부 검토 시 미성년자 주주 구성도 확인합니다. 금융기관마다 규정이 다를 수 있지만, 미성년자의 주식 보유 비율이 일정 비율 초과 시 대출에 제한이 걸릴 수 있습니다.

이 경우 법인설립 시 주주 구성 비율을 금융기관에서 대출 가능한 비율로 만들고 부동산을 취득한 후 주식을 자녀에게 증여하거나 양도할 경우 이후 가치 상승분에 대해서는 상속세와 증여세를 절감할 수 있습니다.

❸ 부모와 자녀의 주식 이동이나 다른 특수관계자 간 주식 이동 시 주식 가치평가가 필요합니다

특수관계자와의 거래로 세금의 부당한 감소가 발생하면 부당행위로 인정해 시가기준으로 세금 계산을 다시 할 수 있습니다.

> 아버지가 아들에게 시가 5억 원에 해당하는 주식을 액면가액인 5,000만 원에 판매하는 경우 부당행위계산부인규정을 적용해 5억 원을 기준으로 세금 계산을 다시 해서 적게 신고한 세금은 물론이고, 신고불성실가산세와 납부불성실가산세까지 추징합니다.

1) 저가로 판매한 판매자의 추가 세금

시가기준으로 세금 계산을 다시 하기 때문에 양도소득세가 추가로 발생합니다.

2) 저가로 매수한 매수자의 추가 세금

특수관계자인 아버지에게 주식을 시가보다 저렴하게 매수했다면 증여받은 것으로 보아 증여세가 추가로 발생합니다.

> (시가 − 거래가격) − min①②(① 시세 × 30% ② 3억 원)

따라서 부모와 자식 간 거래나 특수관계자 간 거래는 시가를 계산해서 시가 기준 세금이 얼마나 발생하는지 계산 후 거래하거나 증여를 하는 것이 중요합니다.

– 부동산의 시가
 감정평가법인에서 평가한 금액
– 비상장법인 주식의 시가
 공인회계사법에 따른 회계법인 또는 세무사법에 따른 세무법인이 평가한 금액

법인 자금을 잘 활용한다면 더 많은 자금을 상속세 없이 자녀에게 상속할 수 있습니다

❶ 법인 자금의 효율적 활용이 매우 중요합니다

법인의 자금은 보통 은행에 보관합니다. 은행에 법인자금을 보관하면 안정적으로 자금을 보유할 수 있지만, 투자 수익은 거의 발생하지 않습니다.

법인의 자금은 단기사용 목적으로 보유하는 자금과 장기사용 목적으로 보유하는 자금으로 구분할 필요성이 있습니다. 또한 장기사용 목적으로 보유하는 자금은 당장 자금을 사용할 계획이 없는 자금이므로, 투자 목적의 사용으로 자금을 효율적으로 관리할 수 있습니다(부동산 취득, 주식 투자, 가상자산 투자).

또한, 장기사용 목적의 자금은 미래에 지출될 자금으로 지출 규모가 큰 경우가 대부분이므로, 큰 금액을 한꺼번에 준비하는 것보다 매년 조금씩 적립해 마련해야 하는 자금입니다.

❷ 임원 퇴직금은 직원 퇴직금과 성격을 달리해야 합니다

임원을 제외한 직원들의 퇴직 시점은 특정하기 어렵습니다. 직원들의 퇴직 시점이 언제일지 모르기 때문에 단기사용 목적의 자금으로 분류해 갑자기 직원들이 퇴직할 때 사용해야 합니다. 하지만 임원의 퇴직 시점은 단기가 아니므로 장기사용 목적자금으로 분류해야 하며, 고액의 금액이 필요하기 때문에 조금씩이라도 장기간 적립해야 임원의 퇴직 시점에 법인 운영에 큰 부담을 줄일 수 있습니다.

임원 퇴직금을 활용하면 법인세와 상속세 절세가 가능합니다

❶ 법인세 절세가 가능하며 절세 시점의 선택이 가능합니다

1) 임원 퇴직금을 퇴직 시점에 큰 금액으로 비용처리 받고 싶은 경우

법인의 임원은 단기에 퇴직을 전제로 활동하지 않습니다. 따라서 임원 퇴직금은 규모가 크기 때문에 퇴직금 지급액을 법인에서 비용처리 받을 수 있다면, 이후 법인에서 소득이 발생하더라도 퇴직금 경비 인정액만큼은 세금 부담이 없습니다.

또한, 법인의 임원이 법인 자금을 개인화하고 싶었으나 개인화하지 못하고 있는 이유는 세금 때문입니다. 임원이 퇴직금으로 법인자금을 지급받는다면 큰 금액을 필요한 시점에 개인화할 수 있고, 세금도 크지 않기 때문에 임원 퇴직금은 법인 절세에 있어서 꼭 필요한 큰 카드이고, 놓쳐서는 안 될 절세의 수단입니다.

2) 임원 퇴직금을 매년 일정금액을 비용처리 받고 싶은 경우

임원 퇴직금을 비용처리 받으려면 다음 조건을 모두 충족해야 합니다.

- 퇴직금 지급규정이 정관이나 정관의 위임규정에 있어야 합니다.
- 실제 퇴직해야 합니다.
- 실제 지급되어야 합니다.

임원 퇴직금은 실제 퇴직 시점에 큰 금액을 비용처리를 받을 수 있습니다. 하지만 퇴직 시점에 큰 금액을 비용처리 받는 것도 좋지만, 매년 일정금액의 임원 퇴직금 상당액을 비용처리 받는 것도 안정적인 자금 운영 차원에서 좋을 수 있습니다.

임원 퇴직금 상당액을 매년 경비처리 받을 수 있는 방법은 2가지입니다.

• 퇴직연금제도를 활용한 임원 퇴직금 지급제원 마련

임원 퇴직금을 퇴직연금 계좌에 입금 시 입금 시점에 비용처리를 받을 수 있습니다. 하지만 퇴직연금 계좌에 적립된 자금은 회사가 어려울 때 찾아서 기업운영자금으로 사용할 수 없기 때문에 퇴직연금 계좌에 적립된 금액이 누적될수록 회사 경영에 어려움이 발생할 수 있습니다.

• 보험상품을 활용한 임원 퇴직금 지급제원 마련

임원 퇴직금을 매년 경비처리를 받을 수 있는 방법으로는 매년 발생하는 임원 퇴직금 금액을 계산해 정기보험이라는 보험상품에 가입하는 방법이 있습니다. 보험상품에 납입된 임원 퇴직금 상당액을 사업 관련 경비로 인정받을 경우 매년 일정금액을 경비처리해 법인세를 미리 줄일 수 있으며, 퇴직연금 계좌에 적립된 경우 자금을 필요할 때 사용하지 못하는 단점을 보완할 수 있습니다(보험의 중도인출제도 활용 가능).

❷ 상속세 절세가 가능하며 유능한 인재의 유출을 방지할 수 있습니다

임원 퇴직금을 보험 상품에 적립해 법인세 절세 혜택을 받은 후 임원이 불의의 사고로 사망할 경우 큰 금액이 법인에 보험금으로 지급됩니다.

1) 상속세를 절세를 할 수 있는 경우

법인의 주주가 100% 자녀인 경우 임원 사망 시 법인에 지급된 큰 보험금은 자녀인 주주에게 귀속이 되므로 상속세가 발생되지 않습니다.

2) 법인의 정관에 임원 유족지원금 지급규정을 별도로 규정하는 경우, 임원이 업무 중 사망하더라도 큰 금액의 보험료가 보험사에서 지급되어 임원 가족들에게 지급이 됩니다. 가족의 생활자금에 대한 걱정을 하지 않아도 될 수 있도록 법인에서 임원 퇴직금을 효율적으로 준비해준다면 유능한 인재의 유출이 되지 않게 기업자금을 효율적으로 운영할 수 있습니다.

임원의 퇴직금만큼은 기업의 장기사용 목적자금을 활용해 보험상품에 매년 조금씩 적립해 미래 큰 금액의 지출에 대비하고, 더 큰 자금을 자녀에게 세금으로 물려줄 수 있도록 하는 것이 기업운영자금의 가장 효율적인 방법입니다.

> 법인이 임원을 피보험자로 법인을 수익자로 하여 보험기간, 즉 만기일이 종신인 변액연금보험에 가입한 경우 법인이 납입한 보험료 중 만기환급금에 상당하는 보험료 상당액은 자산으로 계상하고, 기타의 부분은 이를 보험기간의 경과에 따라 손금에 산입하는 것임(서이-826, 2008. 5. 1).

서면법인2018-3922(2020. 3. 20)

[제목] 만기환급금 없는 보장성 보험료의 손금산입 여부

[요약] 만기환급금에 상당하는 보험료 상당액이 없는 경우에는 내국법인이 납입한 해당 보험료를 보험기간의 경과에 따라 손금에 산입하는 것임

[질의]

(사실관계)

- (주)○○○○(이하 '질의법인'이라 함)는 대표이사를 피보험자로 하는 아래의 보장성 보험에 가입하였으며, 대표자의 퇴직시점을 예상하기 어려워 해지환급금을 산정할 수 없음

① 보험명 ： ○○생명 무배당 프리미엄 경영인정기보험

② 계약자 및 수익자 ： 법인

③ 피보험자 ： 대표이사

④ 보험기간 ： 90세 만기, 납입기간 ： 47년(월 보험료 2,148,000원)

⑤ 사망보험금 ： 피보험자가 보험기간 중 사망하였을 때 가입금액(3억 원)

⑥ 만기환급금은 없으나, 중도해지 시에는 해지환급금이 있음

(질의내용)

- 내국법인이 대표이사를 피보험자로 하고, 법인을 보험계약자 및 수익자로 하는 만기환급금이 없는 보장성 보험에 가입하는 경우 납입 보험료의 손금산입 여부

[회신]

귀 질의의 경우 다음 회신사례를 참고하시기 바랍니다.

■ 서면법인 2018-1779, 2018. 7. 18

내국법인이 대표이사를 피보험자로 하고 계약자와 수익자를 법인으로 하는 보장성 보험에 가입한 경우, 법인이 납입한 보험료 중 만기환급금에 상당하는 보험료 상당액은 자산으로 계상하고 기타의 부분은 이를 보험기간의 경과에 따라 손금에 산입하는 것으로 피보험자인 대표이사의 퇴직기한이 정해지지 않아 사전에 해지환급금을 산정할 수 없어 만기환급금에 상당하는 보험료 상당액이 없는 경우에는 내국법인이 납입한 해당 보험료를 보험기간의 경과에 따라 손금에 산입하는 것이며 상기 보장성 보험의 해약으로 지급받는 해약환급금은 해약일이 속하는 사업연도의 소득금액 계산 시 익금에 산입하는 것입니다.

■ 법규법인 2013-397, 2013. 10. 24

내국법인이 임원(대표이사 포함)을 피보험자로 계약자와 수익자를 법인으로 하는 보장성 보험에 가입한 경우, 법인이 납입한 보험료 중 만기환급금에 상당하는 보험료 상당액은 자산으로 계상하고 기타의 부분은 이를 보험기간의 경과에 따라 손금에 산입하는 것이나, 귀 세법해석 사전답변 신청내용과 같이, 임원의 정년퇴직 후의 기간까지를 보험기간으로 하고 만기환급금이 없는 종신보험상품을 계약한 내국법인이 피보험자인 임원의 정년퇴직시점에는 고용관계가 해제됨에 따라 해당 보험계약을 해지할 것으로 사회통념 및 건전한 상관행에 비추어 인정되는 경우에는 납입 보험료 중 정년퇴직 시의 해약환급금에 상당하는 적립 보험료 상당액은 자산으로 계상하고, 기타의 부분은 손금에 산입하는 것이며, 정년퇴직 전에 피보험자인 임원이 퇴직하여 해약하는 경우로서 지급받는 해약환급금과 자산으로 계상된 적립 보험료 상당액과의 차액은 해약일이 속하는 사업연도의 소득금액 계산 시 익금 또는 손금에 산입하는 것임

개인사업자의 경우에는 정기보험 보험료는 필요경비 인정이 되지 않습니다.

서면법규-1539(2012. 12. 27)

[제목] 개인사업자 본인의 정기보험 보험료의 필요경비 산입 여부

[요약] 개인사업자 자신의 정기보험을 위하여 지출한 비용은 사업과 관련 없는 비용
으로써 필요경비 불산입하는 것임

[질의]

(사실관계)

거주자 갑(甲)은 세무사업을 영위하는 사업자로 아래의 정기보험(순수보장형)에 가입함

- 주보험 보장 : 사망보험금(만기 시 환급금 없음, 만기 70세)

- 선택 특약 보장 : 재해사망보험금, 재해장해급여금(무배당)

  * 계약자 및 피보험자 : 거주자 갑(甲)

    수익자 : 상속인

(질의내용)

개인사업자가 본인 명의의 정기보험(보장형)에 가입한 경우 보험료의 필요경비 산입
여부

[회신]

귀 서면질의의 경우, 사업을 영위하는 거주자가 보장성 보험에 가입하고 지출하는
보험료는 '소득세법' 제33조 제1항 제5호 및 같은 법 시행령 제61조 제1항 제1호에
따라 필요경비에 산입하지 않는 것입니다.

04 | 법인의 부동산 임대로 받는 돈의 성격에 따라 업무와 세금문제가 달라집니다

부동산 법인이 부동산을 임대하는 경우 받는 돈의 종류는 보증금과 임대료와 관리비입니다. 또한, 임대하는 부동산의 종류에 따라 임대료와 관리비에 부가가치세를 별도로 받습니다. 부동산 계약 시점에 보증금과 임대료 및 관리비가 결정되고, 이와 관련해 세금계산서와 계산서 발급업무와 세금문제도 다르게 발생하기 때문에 세금문제에 대한 검토는 부동산 계약서 작성 이전부터 해야 하고 운영하는 동안 계속해서 검토해야 합니다.

부동산 임대차 계약 시점에 반드시 알아야 할 내용

임대하는 부동산이 부가가치세 과세 대상인 경우에는 임대차 계약서에 '부가가치세 별도'라는 문구를 넣어야 합니다. '부가가치세 별도'라는 문구가 없을 시 계약서에 표시된 월세금액은 임대료에 부가가치세가 포함된 금액입니다. 따라서 '부가가치세 별도' 문구가 없다면 계약서에 표시된 임대료를 받아서 부가가치세를 세무서에 납부하고, 나머지 금액이 임대인의 임대료 수익이기 때문에 부가가치세만큼 손해를 볼 수 있습니다.

보증금과 임대료와 관리비를 받을 때의 세금문제와 법정영수증의 발급

① 보증금(수익이 아니므로 세금계산서나 계산서 발급 대상 아님)

부동산을 임대하고 받는 보증금은 부동산 법인이 임대차 계약이 종료되면 반환되어야 하기 때문에 법인의 부채에 해당합니다. 따라서 보증금을 수령 시 보증금에 대한 세금은 발생하지 않으며 세금계산서나 계산서를 발급하지도 않습니다. 우리가 지금까지 은행에 대출을 받더라도 대출은 법인의 수익이 아니고 갚아야 할 부채이므로 세금이 발생하지 않았던 것과 같습니다.

다만 세법에서는 보증금을 받으면 보증금에 대한 이자상당액 환산액 성격인 간주임대료에 대한 부가가치세와 법인세가 과세될 수 있습니다.

간주임대료에 대한 부가가치세는 세금계산서를 발급하지 않으며, 임대인과 임차인 간 계약에 따라 세입자에게 추가로 받을 경우에도 세금계산서는 발급하지 않습니다.

② 임대료

부동산을 임대하고 받는 임대료는 미래에 반환해야 할 부채가 아닌 법인의 수익항목이므로, 임대물건이 부가가치세 과세 대상인 경우 세입자에게 임대료와 별도로 부가가치세를 받아야 하고 세금계산서를 발급해야 합니다. 그 부가가치세는 세무서에 신고하고 납부해야 합니다.

주택의 임대는 주택의 규모와 상관없이 부가가치세 면세 대상이기 때문에 부가가치세를 별도로 세입자에게 받지 않으며 세금계산서 대신 계산서를 발급해야 합니다.

단, 법인이 비사업자인 최종 소비자에게 상시주거용으로 임대하는 주택에 대한 임대료는 계산서를 발급하지 않아도 되며, 대신 영수증을 발급할 수 있습니다(단, 세입자가 사업자인 경우 전자계산서를 교부해야 합니다).

서면전자세원 2021-4117(2021. 07. 29)

[회신]
소득세법 시행령 제211조 제2항 및 같은 법 시행규칙 제96조의 2 규정에 해당하는 경우 영수증을 교부할 수 있으나, 주택임대용역을 제공받는 자가 사업자인 경우에는 소득세법 제163조 제1항 제1호 및 제2호에 해당하는 사업자는 전자계산서를 교부하여야 하는 것입니다.

[제목] 주택임대사업자가 비사업자인 최종 소비자에게 주택임대용역을 공급하고, 영수증을 교부 시 전자계산서를 발급하여야 하는지 여부

[요약] 주택임대사업자가 비사업자인 최종 소비자에게 주택임대용역을 제공하는 경우에는 소득세법 시행령 제211조 제2항 및 같은 법 시행규칙 제96조의 2의 규정에 의하여 영수증을 교부할 수 있음.

❸ 관리비

관리비는 부가가치세 임대물건이 부가가치세 과세 대상인 경우 관리비에 부가가치세를 별도로 받아야 하고 세금계산서를 발급해야 합니다. 주택임대 관련 관리비의 경우 주택임대가 부가가치세 면세 대상이므로 관리비를 수령 시 부가가치세를 별도로 받지 않고 계산서를 발급해야 합니다.

관리비의 경우 공공요금과 같은 세입자의 관리비를 단순 받아서 대신 납부하는 경우에는 관리비를 받을 때 부채 성격이므로 법인소득을 구성하지 않습니다. 하지만 건물 관리비 성격이나 세입자의 공과금을 대신 받아서 납부하는 성격이 아니라고 하면 법인소득에 포함이 되고, 실제 이와 관련해 지출되는 비용이 있다면 업무 관련성이 있는 경우 경비로 처리합니다.

소득세집행기준 24-51-5 [부동산임대업에서 발생하는 소득의 총수입금액 계산]

① 사업자가 부동산을 임대하고 임대료 외에 유지비나 관리비 등의 명목으로 지급받는 금액이 있는 경우에는 전기료·수도료 등의 공공요금을 제외한 청소비·난방비 등은 부동산 임대업에서 발생하는 소득의 총수입금액에 산입하는 것이며, 전기료·수도료 등의 공공요금의 명목으로 지급받은 금액이 공공요금의 납부액을 초과할 때 그 초과하는 금액은 부동산 임대업 소득의 총수입금액에 산입한다.

05 | 법인 보유 주택을 6월 1일 이전 대표이사인 개인에게 매도하는 이유가 궁금합니다

6월 1일 현재, 주택을 사실상 소유하고 있는 자는 그 주택에 대한 재산세의 납세의무가 있으며, 종합부동산세의 납세 의무 또한 재산세와 같은 시점에서 발생합니다. 종합부동산세 과세기준일인 6월 1일이 다가오면, 6월 1일 이전에 주택을 매도해 종합부동산세를 줄이기 위한 많은 방법을 검토합니다. 그 방법 중 하나가 부동산 법인 소유의 주택을 대표이사나 그 가족 및 친족들을 포함한 특수관계인에게 매매하는 것입니다. 이러한 방법은 법인의 주택을 취득하는 개인의 취득세와 종합부동산세의 증가액의 합계액보다 법인의 종합부동산세 감소액이 더 클 때 이루어집니다. 이 과정에서 매도하는 법인은 법인세를 줄이고, 취득하는 매수인은 취득세를 줄이기 위해 매매 가격을 줄여서 매매계약서를 작성하고 세금 신고하는 방안을 검토하기도 합니다.

법인의 종합부동산세

① 2주택을 소유한 법인의 2주택이 모두 조정대상지역에 있는 경우와 3주택 이상 소유 시 종합부동산세는 공시지가에 7.2%의 세율을 적용한 금액이고, 종합부동산세는 매년 계속 과세됩니다.

종합부동산세율 6% + 농어촌특별세율 1.2%(=종합부동산세의 20%)

② 7.2%의 종합부동산세율이 적용되는 경우 외의 종합부동산세율은 3.6%입니다. 1주택 또는 2주택을 소유한 경우로 2주택이 한 채라도 비조정대상지역에 있는 경우의 법인 종합부동산세는 공시지가의 3.6%입니다.

종합부동산세율 3%+농어촌특별세율 0.6%(=종합부동산세의 20%)

③ 법인이 소유하는 상가에 대한 종합부동산세

④ 법인이 소유하는 토지에 대한 종합부동산세

개인의 종합부동산세와 취득세

① 개인의 종합부동산세

종합부동산세 납세의무자가 3주택 이상을 소유하거나, 조정대상지역 내 2주택을 소유하고 있는 경우의 종합부동산세 세율은 다음 표와 같습니다. 이 경우 개인의 종합부동산세는 주택 공시지가의 합계액에서 6억 원을 공제한 금액을 기준으로(=과세표준) 세율이 적용됩니다.

과세표준	세율
3억 원 이하	1천분의 12
3억 원 초과 6억 원 이하	360만 원 + (3억 원을 초과하는 금액의 1천분의 16)
6억 원 초과 12억 원 이하	840만 원 + (6억 원을 초과하는 금액의 1천분의 22)
12억 원 초과 50억 원 이하	2,160만 원 + (12억 원을 초과하는 금액의 1천분의 36)
50억 원 초과 94억 원 이하	1억 5,840만 원 + (50억 원을 초과하는 금액의 1천분의 50)
94억 원 초과	3억 7,840만 원 + (94억 원을 초과하는 금액의 1천분의 60)

❷ 개인의 주택 취득세

주택을 취득하는 개인의 주택 보유 현황에 따라 취득세가 달라집니다.

법인에게 취득하는 주택이

정비구역지정주택이 아닌 시가표준액 1억 원 이하 주택 : 1.1%~3.3%(85㎡ 초과 주택은 0.2 추가)

무주택자로 법인소유 주택을 취득 : 1.1%~3.3%(85㎡ 초과 주택은 0.2 추가)

1주택자로 법인소유 비조정지역 주택을 취득 : 1.1%~3.3%(85㎡ 초과 주택은 0.2 추가)

1주택자로 법인에게 조정지역의 주택을 취득 : 8.4%(85㎡ 초과 주택은 0.6% 추가)

2주택자로 법인에게 조정지역의 주택을 취득 : 12.4%(85㎡ 초과 주택은 1% 추가)

2022년 개정세법(안)에 종합부동산세 세율 인하가 예정되어 있습니다.

국회 통과 시 2023년 이후 종합부동산세는 2022년 종합부동산세와 비교 시 크게 감소됩니다.

(1) 공제금액의 증가 : 6억 원 공제(1주택자 11억 원 : 2022년 한정 14억 원)에서 9억 원 공제(1주택자 12억 원)

(2) 적용세율의 감소 : 최고세율이 7.2%에서 3.24%로 감소

현행			개정안	
주택분 종합부동산세 세율 2주택자로서 2주택이 모두 조정대상지역에 있는 경우는 3주택 이상 세율을 적용			**다주택자 중과제도 폐지 및 세율 인하**	
과세표준	2주택 이하	3주택 이상*	과세표준	세율
			3억 원 이하	0.5%
3억 원 이하	0.6%	1.2%	3억 원 초과 6억 원 이하	0.7%
3억 원 초과 6억 원 이하	0.8%	1.6%	6억 원 초과 12억 원 이하	1.0%
6억 원 초과 12억 원 이하	1.2%	2.2%	12억 원 초과 25억 원 이하	1.3%
12억 원 초과 50억 원 이하	1.6%	3.6%	25억 원 초과 50억 원 이하	1.5%
50억 원 초과 94억 원 이하	2.2%	5.0%	50억 원 초과 94억 원 이하	2.0%
94억 원 초과	3.0%	6.0%	94억 원 초과	2.7%
법인	3.0%	6.0%	법인	2.7%
〈적용시기〉 '23. 1. 1 이후 납세의무가 성립하는 분부터 적용				

06 | 법인이 대표이사 등의 특수관계자에게 부동산을 판매 시 판매가격을 시세보다 낮게 해도 되나요?

주택을 포함한 부동산을 가족 등에게 이전 시 먼저 거래금액을 결정하고, 매매계약서를 작성해 소유권을 이전시켜야 합니다. 이때 계약서에 기입되는 거래금액이 시세 대비 30%까지는 낮은 가격으로 이전해도 세법에서 문제가 없는 것으로 판단할까요? 주택의 저가양도로 인한 경우 주택 매도자에게는 법인소득세(개인인 경우 양도소득세) 문제가 발생하고, 주택 매수자에게는 이익 발생액에 대한 증여세 문제가 발생합니다.

법인의 주택 판매가격과 개인의 주택 취득가격의 결정

법인이 종합부동산세를 줄이기 위해 개인에게 주택을 매매할 때 개인의 취득세를 줄이기 위해 세법에서 정하는 시세보다 낮게 매매금액을 정하는 경우가 있습니다. 이 경우 세법에서 규정하는 부당행위계산 부인규정의 적용으로 계약서에 작성된 금액 기준이 아닌 시세기준으로 세금 계산을 다시 합니다.

❶ 부당행위계산부인의 이해

내국법인의 행위 또는 소득금액의 계산이 특수관계인과의 거래로 인해 그 법인의 소득에 대한 조세의 부담을 부당하게 감소시킨 것으로 인정되는 경우에는 그 법인의 행위 또는 소득금액의 계산(이하 '부당행위계산'이라고 한다)과 관계없이 그 법인의 각 사업연도의 소득금액을 다시 계산하는 것을 말합니다. 이 규정이 적용되는 경우 소득금액 계산만 다시하는 것이며, 법인과 개인 사이 적법하게 성립한 법률행위의 사법상 효력까지 부인하는 것은 아닙니다.

1) 법인과 대표적 특수관계인의 범위

'특수관계인'이란 법인과 경제적 연관관계 또는 경영지배관계에 해당하는 자로 다음 각 호에 해당하는 자입니다.
1. 임원의 임면권의 행사, 사업방침의 결정 등 당해 법인의 경영에 대하여 사실상 영향력을 행사하고 있다고 인정되는 자('상법' 제401조의 2 제1항의 규정에 의하여 이사로 보는 자를 포함한다)와 그 친족
2. 주주 등(소액 주주 등을 제외한다. 이하 이 관에서 같다)과 그 친족
3. 법인의 임원 · 사용인 또는 주주 등의 임원 이사 및 설립자 및 이들과 생계를 함께 하는 친족
4. 법인 또는 비소액주주 등의 금전이나 그 밖의 자산에 의해 생계를 유지하는 자 및 이들과 생계를 함께하는 친족
5. 해당 법인이 직접 또는 1~4의 관계에 있는 자를 통해 어느 법인의 경영에 대해 지배적인 영향력을 행사하고 있는 경우 그 법인

6. 해당 법인이 직접 또는 그와 1~5까지의 관계에 있는 자를 통해 어느 법인의 경영에 대해 지배적인 영향력을 행사하고 있는 경우 그 법인
7. 해당 법인에 100분의 30 이상을 출자하고 있는 법인에 100분의 30 이상을 출자하고 있는 법인이나 개인
8. 해당 법인이 '독점규제 및 공정거래에 관한 법률'에 따른 기업집단에 속하는 법인인 경우에는 그 기업집단에 소속된 다른 계열회사 및 그 계열회사의 임원

2) 시가의 범위

시가란 건전한 사회 통념 및 상거래 관행과 특수관계인이 아닌 자 간의 정상적인 거래에서 적용되거나 적용될 것으로 판단되는 가격을 말합니다. 해당 거래와 유사한 상황에서 해당 법인이 특수관계인 외의 불특정다수인과 계속 거래한 가격 또는 특수관계인이 아닌 제3자 간에 일반적으로 거래된 가격이 있는 경우에는 그 가격에 따르며 시가가 불분명한 경우에는 감정평가가격이 있으면 감정평가가격을 시세로 하고, 없으면 공시지가로 계산한 금액을 시세로 정합니다.

3) 조세의 부담을 부당하게 감소시킨 것으로 인정되는 경우

다음 2가지 상황에 모두 해당이 되는 경우, 조세의 부담을 부당하게 감소시킨 것으로 인정되어 소득금액 계산을 국세청에서 다시 합니다.

- 자산을 무상 또는 시가보다 낮은 가액으로 양도하는 경우
- (시가 – 거래가액) ≥ MIN(시가의 5%, 3억 원)

앞의 규정을 보면 시세보다 저렴하게 거래해도 인정하는 범위는 시가의 5%입니다(3억 원 한도).

❷ 주택을 판매한 법인에 대한 규정

주택을 특수관계자인 개인에게 시세보다 저렴하게 판매해 세금 계산을 한 경우, 세법은 부당행위계산부인 규정을 적용해 시세를 판매가격으로 해서 법인의 소득금액을 다시 계산합니다. 법인이 시세 5억 원의 아파트를 대표이사에게 시세보다 30% 저렴한 70% 가격에 판매한 경우, 법인소득의 계산은 5억 원을 판매가격으로 해서 다시 계산됩니다.

- 매도인인 법인과 매수인이 특수관계인에 해당하고
- 자산을 시가보다 낮은 가액으로 양도했으며
- (시세-거래가격)이 시가의 5%(한도 3억 원)보다 큰 차이가 발생

❸ 주택을 매수한 개인에 대한 규정

주택을 매수한 개인은 주택거래로 이익을 얻었기 때문에 부당행위계산부인규정은 적용되지 않으나 이것으로 인한 이익에 대해 증여세가 발생합니다.

① 특수관계인 간에 재산을 시가보다 낮은 가액으로 양수하거나 시가보다 높은 가액으로 양도한 경우로서 그 대가와 시가의 차액이 기준금액 이상인 경우에는 해당 재산의 양수일 또는 양도일을 증여일로 해서 다음의 금액을 그 이익을 얻은 자의 증여재산가액으로 한다.

$$(대가 - 시가) - MIN(시가 \times 30\% \text{ VS } 3억 원)$$

증여세는 시세보다 저렴하게 거래해도 인정하는 범위는 시가의 30%입니다(3억 원 한도).

시가보다 낮게 매수한 자가 얻은 이익이 MIN(시가의 30% VS 3억 원)보다 작으면 증여세가 발생하지 않습니다.

시가는 불특정 다수인 사이에 자유롭게 거래가 이루어지는 경우에 통상적으로 성립된다고 인정되는 가액을 의미하며, 수용가격·공매가격 및 감정가격 등(이하 매매 등이라 표시)에 따라 시가로 인정되는 금액을 포함합니다.

상속개시일 전후 6개월 또는 증여일 전 6개월부터 증여일 후 3개월 이내의 기간 중 매매(계약일 기준)·감정(가격산정기준일과 감정가액평가서 작성일)·수용·민사집행법상 경매 또는 공매(보상가액·경매가액 또는 공매가액이 결정된 날)가 있는 경우 다음의 금액을 시세로 판단합니다.

- 해당 재산에 대한 매매사실이 있는 경우에는 그 거래가액

- 해당 재산에 둘 이상의 감정기관이 평가한 감정가액이 있는 경우 감정가액의 평균액(기준시가 10억 원 이하의 부동산의 경우에는 하나 이상의 감정기관)

- 해당 재산에 수용·경매 또는 공매 사실이 있는 경우 그 보상가액·경매가액 또는 공매가액

공동주택은 앞의 매매 등의 가액이 없는 경우에는 다음의 금액을 시세로 보고 판단합니다. 해당 재산과 면적·위치·용도·종목 및 기준시가가 동일하거나 유사한 다른 재산에 대한 매매 등의 가액이 있는 경우 해당하는 가액[상속세 또는 증여세 과세표준을 신고한 경우에는 평가기준일 전 6개월부터 평가기간 이내의 신고일까지의 가액을 말한다]이 있는 경우에는 해당 가액을 시가로 판단합니다.

공동주택가격이 있는 공동주택의 경우 다음 요건을 모두 충족하는 주택.

> 가. 평가 대상 주택과 동일한 공동주택단지 내에 있을 것
> 나. 평가 대상 주택과 '주택법'에 따른 주거전용면적의 차이가 평가 대상 주택의 주거전용면적의 100분의 5 이내일 것
> 다. 평가 대상 주택과 공동주택가격의 차이가 평가 대상 주택의 공동주택가격의 100분의 5 이내일 것

다만, 해당 주택이 둘 이상인 경우 평가 대상 주택과 공동주택가격 차이가 가장 작은 주택을 말한다.

07 | 부동산 법인을 그만하려고 할 때 진행절차와 진행기간 및 진행비용의 검토가 필요합니다

부동산을 취득·보유·판매 시 세법이나 대출규제가 계속 늘어나 개인의 부동산 투자가 어려웠던 상황에서 부동산 법인은 개인 투자와 비교할 때 부동산 규제가 상당히 자유로웠기 때문에 부동산 법인을 이용한 투자가 활발하게 이루어졌습니다.

하지만 6·17 대책 발표(2020년 6월 17일)에 의해 법인으로 부동산 투자 시 세금이 크게 증가되었습니다. 같은 해 7·10대책 발표로 개인 투자 시 세금도 다시 크게 증가되었습니다. 부동산 투자에 대한 세금이 크게 증가함에 따라 개인 투자 시 세금과 법인 투자 시 세금을 철저하게 분석해 투자 결정을 하는 것이 필요하게 되었습니다. 이러한 규제 속에서 기존에 법인을 만들어 투자해왔던 투자자들이 법인 투자에 대한 피로감을 느끼고, 법인 투자를 그만두고자 하는 문의를 많이 하기 시작했습니다. 따라서 여기서는 법인을 그만두고자 할 때 진행 절차와 진행 기간 및 진행 비용에 대해 알아보고자 합니다.

법인 해산과 법인 청산

❶ 법인의 해산

법인은 해산과정을 거쳐 청산종결등기로 법인격이 소멸됩니다. 법인의 해산은 법인격을 소멸시키는 원인이 되는 법률사실로 해산 사유는 다음과 같습니다.

주총종특별결의
법인의 목적 달성
법인의 목적 달성 불능
파산
합병
분할
법원의 해산명령 판결
존립기간 만료

❷ 법인의 청산과 청산법인

법인의 해산 후 나머지 업무를 처리하고 재산을 정리해 완전히 소멸시키는 것을 '청산'이라 하고, 청산의 목적 범위 내에서 존속하는 법인을 '청산법인'이라고 합니다.

1. 해산결의

> 필요서류 : 주주 및 이사 전원의 인감증명서 각 2통(이사와 주주가 중복될 경우 최대 2통)과 인감도장, 대표자 및 청산인의 최근 5년간 주소변동사항이 나오는 주민등록초본(주민등록번호 전부 기재) 1통, 법인인감증명서 1통, 법인인감도장

2. 청산인 선임(법원)

법인인감도장 필요

3. 해산등기 및 청산인 선임등기

> 필요서류 : 주주 및 이사 전원의 인감증명서 각 1통(이사와 주주가 중복될 경우 최대 1통)과 인감도장, 법인인감증명서 1통, 법인인감도장

4. 신문공고

5. 결산보고서 작성

6. 주주 총회 승인

7. 청산종결등기

> 필요서류
> 주주 및 이사 전원의 인감도장과 인감증명서 각 1통
> (이사와 주주가 중복될 경우 최대 1통)
> 법인인감증명서 1통, 법인인감도장
> 결산보고서, 재무상태표, 손익계산서, 주주에 대한 자본분배계획서 작성

법인해산과 청산의 기간

법인해산과 청산종결업무 진행에 소요되는 기간은 신문공고기간 2개월 이상의 기간을 포함해 결산보고서 작성 및 주주 총회 승인기간을 감안할 때 최소 3개월에서 7월의 기간이 소요됩니다.

법인해산과 청산업무 수수료

법인해산절차와 청산절차의 진행 과정마다 업무 관련 비용이 발생합니다.

① 해산 등기비용
② 청산인 선임신고비용
③ 신문 공고비용(2개월)
④ 청산종결 등기비용
⑤ 사무보고서 작성 및 신고 수수료(법무사)
⑥ 세무사 수수료
  • 재산목록 및 재무상태표 작성
  • 결산보고서 재무상태표 손익계산서와 주주에 대한 자본분배계획서 작성 수수료
⑦ 공증비용(자본금이 10억 원 이상이거나 이사가 3명 이사인 경우)

청산소득에 대한 법인세

❶ 법인세의 종류

법인세의 종류는 4가지입니다.

1. 각사업연도 소득에 대한 법인세
2. 토지 등 양도차익에 대한 법인세
3. 청산소득에 대한 법인세
4. 미환류소득에 대한 법인세

❷ 청산소득에 대한 법인세

청산시점에 청산소득에 대한 법인세를 신고하고 납부해야 합니다. 법인에서 발생한 소득이나 재산가치 증가분은 대부분 각 사업연도소득에 대한 법인세로 과세됩니다. 다만 각 사업연도소득으로 과세되지 않은 소득이나 재산가치 증가분이 누적되어 있는 경우 청산시점에 한 번에 과세하는데, 이를 청산소득에 대한 법인세라고 합니다.

만약에 청산하는 연도의 각 사업연도소득에 대한 법인세나 청산소득에 대한 법인세를 납부하지 않고 남은 재산을 분배했을 경우, 청산인과 그 재산을 분배받은 자가 책임을 져야 하며 잔여재산을 분배받은 자는 배당소득세가 발생할 수 있습니다.

❸ 청산소득에 대한 법인세의 계산 및 신고

잔여재산가액이 확정이 되면 확정일로부터 3개월 이내에 신고하고 납부해야 합니다.

(해산으로 남아 있는 잔여재산가액 – 해산등기일 기준 자기자본) × 각 사업연소득에 대한 법인세율

08 | 2022년 시행령 개정 방향은 주택 관련 세금 규제의 완화입니다

시행령이란 법률의 효율적 시행을 위한 대통령의 명령으로, 법률에서 구체적으로 범위를 정해 위임하는 사항을 대통령이 명령으로 세부 사항을 정하는 것입니다. 법률만으로는 현실의 다양하고 복잡한 상황들을 모두 적용할 수 없으므로 법률 목적 달성을 위해 상세한 내용을 대통령의 명령인 시행령에 나타냅니다.

세법 또한 조세의 부과·징수에 관한 기본적 사항은 법률로써 규정하지만, 세부적 사항은 현실의 다양한 사례를 세법에서 모두 규정할 수 없습니다. 따라서 세법의 세부적 내용은 법률에서 구체적으로 범위를 정해 명령으로 위임하게 되는데, 이를 시행령이라고 합니다.

2022년 세법 시행령 변경의 방향은 주택 관련 세금 규제의 완화입니다. 시행령 변경 내용을 반드시 확인해 주택 취득 검토 시 또는 보유·판매 여부를 결정할 때 세금을 정확하게 확인해 손실이 발생하지 않도록 해야 합니다.

2022년 5월 31일 소득세법 시행령 개정

양도소득세와 관련해 소득세법 시행령 3가지가 다음과 같이 개정되었습니다. 2022년 5월 31일에 개정되었으나 2022년 5월 10일 이후 양도분부터 소급해 적용됩니다(주의 : 2022년 5월 10일 이전 양도분은 종전 규정 적용).

❶ 다주택자 양도소득세 중과세율 1년간 배제

다주택자가 2년 이상 보유 주택을 양도하는 경우 적용되는 다주택 중과세율 적용을 한시적으로 배제했습니다. 다만 2022년 5월 10일 이후 매도분부터 2023년 5월 9일까지 한시적이며, 2023년 5월 10일부터는 다시 중과세율 적용이 됩니다.

❷ 양도소득세 비과세 요건 판단 시 보유 기간 재계산 폐지

1세대 1주택 양도소득세 비과세를 적용받기 위해서 직전 주택 양도 이후 1주택이 된 날 이후부터 2년 이상 보유해야 하고, 직전 주택 양도 이후부터 다시 2년 이상 거주를 해야 했으나 보유 및 거주기간 계산을 직전 주택 양도 이후부터 계산하지 않고 매도 주택의 취득일부터 기산하도록 변경되었습니다(2022년 5월 10일 이후 양도하는 분부터 적용).

❸ 조정대상지역 일시적 2주택자 전입요건 폐지 및 양도소득세와 취득세 중복보유기간 2년 연장

일시적 2주택 비과세를 적용받기 위해서는 신규 주택 취득일부터 기존주택을 매도해야 하는 기간, 즉 중복보유 허용기간이 1년에서 2년으로 연장되었으며, 그 기간 내에 신규 주택에 전입해야 하는 전입요건은 삭제되었습니다(2022년 5월 10일 이후 양도하는 분부터 적용).

〈종전·신규 주택 모두 조정대상지역인 경우 중복보유 허용기간〉

신규 주택 취득일	변경 전	변경 후
2018년 9월 13일 이전	3년	3년
2018년 9월 14일~2019년 12월 16일	2년	2년
2019년 12월 17일 이후	1년+1년 이내 전입	2년+전입요건 삭제

2022년 6월 30일 지방세법 시행령 개정

❶ 일시적 2주택자 취득세 중과배제 기간 연장

취득세율이 8% 대상인 주택의 취득이라도 일시적 2주택인 경우 중과 대상에서 제외됩니다. 새로 취득하는 주택이 두 번째 주택으로 조정대상지역에 있는 주택인 경우 취득세율은 9%(8.4%)입니다.

[취득세 8% + 지방교육세 0.4% +

농어촌 특별세(85㎡ 초과 주택만) 0.6% 추가]

하지만 일시적 2주택에 해당하는 경우 취득세 중과세율을 적용받지 않는데, 일시적 2주택에 대해 알아보도록 하겠습니다.

국내에 종전 주택 등(=주택, 조합원입주권, 주택분양권 또는 오피스텔)을 1개 소유한 1세대가 이사·학업·취업·직장이전 및 이와 유사한 사유로 신규 주택을 추가로 취득한 후 3년(종전 주택 등과 신규 주택이 모두 조정대상지역에 있는 경우에는 2년) 이내에 종전 주택 등(신규 주택이 조합원입주권 또는 주택분양권에 의한 주택이거나 종전 주택 등이 조합원입주권 또는 주택분양권인 경우에는 신규 주택을 포함한다)을 처분하는 경우, 해당 신규 주택을 일시적 2주택으로 해서 취득세 중과세율을 적용하지 않습니다.

종전 주택 등과 신규 주택이 모두 조정대상지역에 있는 경우에는 1년 이내에 기존 주택을 매도해야 일시적 주택 적용으로 중과세율 적용을 받지 않았으나 2022년 6월 30일 지방세법 시행령 개정으로 그 기간이 1년에서 2년으로 변경되었습니다.

참고

조합원입주권 또는 주택분양권 1개 소유 1세대가 신규 주택을 취득한 경우에는 해당 조합원입주권 또는 주택분양권에 의한 주택을 취득한 날부터 일시적 2주택 기간을 기산합니다.

참고

종전 주택 등이 '도시 및 주거환경정비법'에 따른 관리처분계획의 인가 또는 '빈집 및 소규모주택 정비에 관한 특례법'에 따른 사업시행계획인가를 받은 주택인 경우로서 관리처분계획인가 또는 사업시행계획인가 당시 해당 사업구역에 거주하는 세대가 신규 주택을 취득해 그 신규 주택으로 이주한 경우에는 그 이주한 날에 종전 주택 등을 처분한 것으로 인정받습니다.

2022년 8월 2일 소득세법 시행령 개정

국내에 1주택을 소유한 1세대가 '상생임대주택' 요건을 갖춘 주택을 양도하는 경우에는 거주하지 않았다 하더라도 거주한 것으로 인정받아 관련 세금 혜택을 받을 수 있습니다.

[상생임대주택에 대한 1세대 1주택의 특례(소득세시행령 제155조의 3)]

❶ 상생임대주택 거주기간 2년 인정

상생임대주택 요건 충족 시 어떤 세금 혜택을 받을 수 있을까요? 상생임대주택에 해당할 경우 거주기간 혜택을 받는 경우는 다음의 3가지입니다.

① 1세대가 양도일 현재, 국내에 1주택을 보유하고 있는 경우로서 해당 주택의 보유기간이 2년 이상인 주택을 양도하는 경우에는 양도소득에 대한 소득세를 과세하지 않지만, 취득 당시에 '조정대상지역'에 있는 주택의 경우에는 기존 비과세요건을 충족하더라도 거주기간이 2년 이상인 경우에만 비과세를 적용받을 수 있습니다. 하지만 상생임대주택에 해당할 경우 비과세 판단 시 거주기간 요건이 충족되지 않더라도 거주기간을 충족한 것으로 인정해 비과세를 판단합니다.

② 1세대 1주택 비과세 대상 주택에 해당하더라도 고가주택(실지거래가 액 12억 원 초과 주택)은 전액 비과세가 적용되지 않습니다. 이 경우에 도 3년 이상 보유한 주택은 2년 이상 거주한 경우 비과세 대상금 액을 초과하는 금액에 대해 장기보유특별공제를 적용받을 수 있 는데, 일반장기보유특별공제율보다 아주 높은 특별장기보유특별 공제율을 적용받을 수 있어서 세금 혜택을 크게 볼 수 있습니다. 하지만 상생임대주택에 해당할 경우 거주기간 요건이 충족되지 않더라도 거주기간을 충족한 것으로 인정해 공제율을 판단합니다.

참고

일반장기보유특별공제율

보유기간이 3년 될 때 6%의 장기보유특별공제를 적용하고, 그 이후 1년 추 가 보유 시 2% 공제율이 추가되며 최대 30%까지 적용

특별장기보유특별공제율

2년 이상 거주한 주택만 혜택 가능. 보유기간이 3년이 될 때 보유 12%+거 주 12% 적용(거주 2년인 경우 8%)하고, 그 이후 1년 추가 보유 시 4%+추가 거주 시 4%(공제율이 각각 추가)(최고 80%까지 적용)를 적용

보유기간	공제율	거주기간	공제율	공제율 합계
3년 이상 4년 미만	100분의 12	2년 이상 3년 미만 (보유기간 3년 이상에 한정함)	100분의 8	20%
		3년 이상 4년 미만	100분의 12	24%
4년 이상 5년 미만	100분의 16	4년 이상 5년 미만	100분의 16	32%
5년 이상 6년 미만	100분의 20	5년 이상 6년 미만	100분의 20	40%
6년 이상 7년 미만	100분의 24	6년 이상 7년 미만	100분의 24	48%
7년 이상 8년 미만	100분의 28	7년 이상 8년 미만	100분의 28	56%

보유기간	공제율	거주기간	공제율	공제율 합계
8년 이상 9년 미만	100분의 32	8년 이상 9년 미만	100분의 32	64%
9년 이상 10년 미만	100분의 36	9년 이상 10년 미만	100분의 36	72%
10년 이상	100분의 40	10년 이상	100분의 40	80%

③ 장기임대주택 요건을 갖춘 주택과 그 밖의 1주택을 국내에 소유하고 있는 1세대가 그 밖의 주택을 거주주택 요건(보유기간 중 거주기간이 2년 이상)을 갖추어 양도하는 경우 국내에 1주택을 보유한 것으로 보아 비과세를 적용합니다. 하지만 상생임대주택에 해당할 경우 비과세 판단 시 거주기간 요건이 충족되지 않더라도 거주기간을 충족한 것으로 인정해 비과세를 판단합니다.

❷ 상생임대주택 요건은 무엇인가요?

다음 요건을 모두 충족한 경우 상생임대주택 혜택을 적용받을 수 있습니다.

① 1세대가 주택을 취득한 후 해당 주택에 대해 임차인과 체결한 직전 임대차계약 대비 임대보증금 또는 임대료의 증가율이 100분의 5를 초과하지 않아야 합니다.

> 직전임대차계약이란 매수자가 주택을 취득한 후, 임차인과 새로이 체결한 계약을 의미합니다. 즉 매수자가 매도자와 임대차계약을 한 임차인의 계약을 승계받은 경우는 직전 임대차 계약에 해당하지 않습니다.

② 상생임대차계약을 2021년 12월 20일부터 2024년 12월 31일까지의 기간 중에 체결(계약금을 지급받은 사실이 확인되는 경우로 한정)하고, 상생임대차계약에 따라 임대한 기간이 2년 이상이 되어야 합니다.

③ 직전 임대차계약에 따라 임대한 기간이 1년 6개월 이상이 되어야 합니다.

❸ 전세에서 월세(월세에서 전세)로 전환한 경우에도 상생임대차계약이 적용되나요?

상생임대차계약을 체결할 때 임대보증금과 월임대료를 서로 전환하는 경우에도 '민간임대주택에 관한 특별법' 제44조 제4항에서 정하는 기준에 따라 계산된 임대보증금 또는 임대료의 증가율이 5%를 초과하지 않는 경우에는 상생임대주택 1세대 1주택의 특례가 적용됩니다.

2022년 8월 2일 종합부동산세법 시행령 개정

❶ 주택분 공정시장가액비율 60% 축소

2022년 주택 종합부동산세는 공정시장가액비율 변경으로 크게 축소되었습니다. 종합부동산세는 다음과 같이 계산되어 12월 이전에 납부 고지서가 발송이 됩니다(12월 1일부터 12월 15일까지 납부).

주택공시지가의 합계

　－　종합부동산세 공제[6억 원 공제(1세대 1주택은 5억 원 추가 공제)]

　＝　공정시장가액비율 반영 전 과세표준

　×　공정시장가액비율

　＝　과세표준

　×　종합부동산세율

　＝　주택분 종합부동산세

　주택분 종합부동산세 계산 시 반영되는 공정시장가액비율이 100% 적용될 예정이었으나 시행령이 변경됨에 따라 60% 적용되게 되어 크게 줄어들 예정입니다(2022년 8월 2일 개정). 공정시장가액비율이란 종합부동산세 계산 시 부동산 시장의 동향과 재정 여건 등을 고려해 100분의 60부터 100분의 100까지의 범위에서 대통령령으로 정하는 비율입니다.

09 2022년 9월 15일 종합부동산세법 개정으로 종합부동산세 납부기한이 연장됩니다

2022년 9월 7일에 종합부동산세법 개정내용의 국회 본회의 통과로 종합부동산세법 제20조 2항이 신설되어 2022년 9월 15일부터 시행되었습니다.

그 결과 고령자 또는 장기보유 주택은 종합부동산세 납부 연장 신청을 검토할 수 있습니다.

과세 기준일(6월 1일) 현재, 1주택자로서 납부 능력이 없는 자에 대한 납부를 연장할 수 있도록 해서 과도한 종합부동산세 부담을 줄일 수 있게 하는 것이 법 개정의 취지입니다.

종합부동산세 납부유예 조건

1) 종합부동산세 과세 기준일 현재 1주택자
2) 만 60세 이상 또는 5년 이상 보유
3) 직전과세기간 총급여 7,000만 원 이하
   (종합소득에 합산되는 다른 소득이 있는 경우 총급여 7,000만 원 이하+종합소득금액
   6,000만 원 이하)
4) 해당 과세연도에 주택분 종합부동산세 세액 100만 원 초과
5) 기타 필요사항은 대통령령으로 정함

납부유예 신청절차

❶ 신청인이 관할 세무서장에게 납부기한 만료 3일 전까지 납부유예 신청서를 제출해야 합니다. 납세의무자는 그 유예할 주택분 종합부동산세액에 상당하는 담보를 제공해야 합니다.

❷ 관할 세무서장은 납부유예 허가 여부를 납부기한 만료일까지 서면 통지해야 합니다.

❸ 납부유예 종료 시 납부세액 계산방법 : ① + ②

1) (납부대상 금액)
   납부유예 허가 금액에서 납부한 금액을 차감한 금액
2) (이자상당가산액)
   납부유예 허가 연도의 납부기한 다음 날 ~ 징수세액 고지일까지 기간 ×
   연 1.2%

납부유예된 종합부동산을 납부해야 하는 경우

주택분 종합부동산세액의 납부 유예 이후 아래 어느 하나에 해당하는 경우에는 그 납부유예 허가가 취소됩니다.

1) 해당 주택을 타인에게 양도하거나 증여하는 경우
2) 사망해 상속이 개시되는 경우
3) 다주택자가 된 경우
4) 담보 변경 또는 그 외 담보 보전에 필요한 관할세무서장의 명령에 따르지 아니한 경우
5) '국세징수법'의 납부유예와 관계되는 세액의 전액을 징수할 수 없다고 인정되는 경우
6) 납부유예 된 세액을 납부하려는 경우

10 2022년 9월 23일 종합부동산세 시행령 변경으로 일시적 2주택자의 종합부동산세 부담이 크게 감소됩니다

2022년 9월 7일에 종합부동산세법 개정내용의 국회 본회의 통과로 2022년 9월 15일부터 시행이 되었고, 그 후속 조치로 구체적 적용요건 및 절차 등을 규정한 종합부동산세법 시행령 개정안과 종합부동산세법 시행규칙 개정안이 국무회의를 통과해 2022년 9월 23일에 공포·시행되었습니다.

2022년 종합부동산세부터 바로 적용될 수 있도록 해서 일시적 1세대 2주택자들의 종합부동산세 부담을 줄일 수 있도록 하는 것이 시행령의 개정 취지입니다.

2022년부터 일시적 1세대 2주택 보유자들의 종합부동산세 부담이 크게 감소됩니다

❶ 일시적 2주택은 종합부동산세를 계산할 때 1주택자 판정 시 주택 수에서 제외됩니다.

> **일시적 2주택 요건(종부세법 §8④2호)**
>
> 1세대 1주택자가 종전 주택을 양도하기 전에 신규 주택을 취득한 후 2년이 경과 되지 않은 경우 1세대 1주택자 판정 시 주택 수 제외

❷ 지방 저가 주택은 종합부동산세를 계산할 때 1주택자 판정 시 주택 수에서 제외됩니다.

> **지방 저가주택 적용요건(종부세법 §8④4호)**
>
> (1) 1세대 2주택자 : 지방 저가주택 1채만 주택 수 제외
>
> (2) 공시가격 3억 원 이하
>
> (3) 수도권, 광역시(군 제외), 특별자치시(읍·면 제외)가 아닌 지역

❸ 상속 주택은 종합부동산세를 계산할 때 1주택자 판정 시 주택 수에서 제외됩니다.

> **상속주택 요건(종부세법 §8④3호)**
>
> (1) 일반상속주택 : 상속 후 5년간 제외
>
> 상속주택 수에 상관없이 1세대 1주택자 판정 시 주택 수 제외

(2) 저가주택 : 기간 제한 없이 주택 수 제외(공시가격 수도권 6억 원 /비수도권 3억 원 이하) 또는 소액지분(40% 이하)

주의 : 변경된 규정을 적용받기 위해서는 해당 연도 9월 16일부터 9월 30일까지 반드시 신청해야 합니다.

11 | 법인등기부등본 이런 경우 꼭 변경해야 합니다

법인은 개인사업자와 다르게 등기의무가 존재합니다. 법인등기부등본에 기입된 등기내용이 변경되는 경우, 일정 기간 내 변경등기를 해서 외부 이해관계자들이 알 수 있도록 해야 하며, 일정 기간 내에 변경등기를 하지 않을 경우 과태료가 발생합니다.

1. 필요서류 준비
2. 세금납부 및 납부확인서 준비(납부영수증 아님)(위택스에서 납부)
3. 관할 등기소 방문 접수 또는 인터넷 접수

대표적인 법인의 변경등기에 대해 알아보고자 합니다.

법인의 주소 변경

법인 본점(지점)의 주소 변경 시 2주 내에 법인의 주소 변경 등기 신청을 해야 합니다.

상법 제182조(본점, 지점의 이전등기)

① 회사가 본점을 이전하는 경우에는 2주 내에 구 소재지에서는 신소재지와 이전년
월일을, 신소재지에서는 제180조 각 호의 사항을 등기하여야 한다.

② 회사가 지점을 이전하는 경우에는 2주 내에 본점과 구 지점소재지에서는 신지점
소재지와 이전 연월일을 등기하고, 신지점소재지에서는 제180조 제1호 본문(다
른 지점의 소재지는 제외한다) 및 제3호부터 제5호까지의 사항을 등기하여야 한다.
다만, 회사를 대표할 사원을 정한 경우에는 그 밖의 사원은 등기하지 아니한다.

사업을 하지 않는 개인도 주소가 변경되는 경우 변경된 주소지에 전
입신고를 해야 하며, 개인사업자도 사업장 주소 변경 시 사업자 등록
변경신청을 해야 합니다. 법인도 주소 변경 시 사업자 등록 변경신청을
해야 하는데, 법인의 사업자 등록 변경신청 요건에 변경된 내용이 반영
된 법인등기부등본이 필요하기 때문에 반드시 법인등기부등본을 먼저
변경해야 합니다.

❶ 법인 정관의 주소 변경이 필요한 경우

법인의 정관에는 법인의 본점소재지가 표시되어 있습니다.

정관
제1장 총칙

제1조 (상호) 본 회사는 '   '라고 한다.

제2조 (목적) 본 회사는 다음 사업을 영위함을 목적으로 한다.

제3조 (본점의 소재지 및 지점 등의 설치)

> 1. 본 회사의 본점은 서울특별시 내에 둔다.
> 2. 본 회사는 필요에 따라 이사회의 결의로 국내외에 지점, 출장소, 사무소 및 현지 법인을 둘 수 있다.

1) 변경된 법인 주소지가 관할구역 내인 경우

법인의 정관에 표시된 법인의 주소는 행정구역소재지까지만 기입해도 됩니다. 하지만 법인 정관에 세부주소까지 기입이 되어 있는 경우 법인 정관상 주소를 변경된 주소지로 수정해야 합니다.

2) 변경된 법인 주소지가 관할구역 외인 경우

법인 정관의 주소를 변경된 주소로 변경해야 합니다.

❷ 법인 주소 변경등기 신청

1) 관할 내 법인의 주소지 이동

법인 주소지 변경내용에 대한 변경등기 신청

2) 관할이 다른 경우

변경 이전 관할과 새로운 관할에 주소지 변경등기 신청

3) 지점이 있는 경우

지점소재지에도 주소지 변경등기 신청

1. 필요서류 준비
2. 세금납부 및 납부확인서 준비(납부영수증 아님)(위택스에서 납부)
3. 관할 등기소 방문 접수 또는 인터넷 접수

참고

관할구역은 '시' 기준으로 변동이 됩니다.
예) 서울특별시 내 특정 구에서 다른 구로 주소 변경 시 관할 내 법인 주소지 이동임
    광역시 내 특정 구에서 다른 구로 주소 변경 시 관할 내 법인 주소지 이동임

❸ 법인 주소 변경 시 필요서류

0. 본점이전결정서(법인인감날인)
1. 주식회사본점이전등기신청서(아래 2가지 방법 중 한 가지 선택)
    – 인터넷 대법원 등기소(www.iros.go.kr) e–form 변경등기 신청서 작성 및 출력
    – 등기소 구비 신청서 작성 및 출력(법인인감도장 필요)
2. 법인등기부등본
3. 법인정관사본(첫 장 회사명 옆에 법인 인감 날인, 원본대조필 도장 날인 각 장 간인)
4. 주주 명부
5. 주주 전원의 서면 결의서와 주주 인감증명서 및 인감도장
6. 법인인감카드와 인감증명서 및 인감도장
7. 이사 인감증명서 및 인감도장(대표이사 신분증)
8. 등록면허세 납부확인서(관할이전 시 신소재지, 구 소재지) 등록면허세를 먼저 납부
    및 납부확인서 출력 후 등록면허세 수수료 입력 및 납부(인터넷등기소나 관할등기
    소)(납부영수증 아님)(위택스에서 납부)
9. 등기신청수수료 영수필 확인서(은행이나 인터넷 대법원 등기소 납부 및 출력 가능)
10. 구 소재지 등기소에 신청(관할 외 지역인 경우 신소재지 등기소 아님)
    (대리인 방문 시 – 위임장, 재직증명서, 대리인 신분증, 도장)

법인의 대표이사 주소가 변경되는 경우에도 2주 이내 변경등기 신청을 해야 합니다

법인 대표이사의 주소지가 변경된 경우, 법인의 본점소재지에는 2주 내에 등기해야 하고, 지점소재지에는 3주 이내 등기를 해야 합니다. 만약 미변경 시 최대 500만 원의 과태료가 기간에 비례해 부과됩니다.

인터넷등기소 e-form 변경등기 신청서 또는 관할 등기소의 변경등기 신청서 작성
등록세 납부서 작성 및 납부 후 등록면허세 납부확인서(납부영수증 아님)(위택스에서 납부)
등기신청수수료 납부 후 확인서(등기소의 은행이나 인터넷등기소 납부)
대표이사 재직증명서
대표이사 주민등록초본(최근 5년 정보 포함)
법인등기부등본
법인인감도장 및 인감증명서
대표이사 신분증
대리인일 경우 대리인 신분증 및 도장과 위임장(재직증명서가 필요한 경우도 있음)

참고. 변경등기 신청서 작성 방법 중 인터넷등기소 e-form 변경등기

신청서 작성 방법

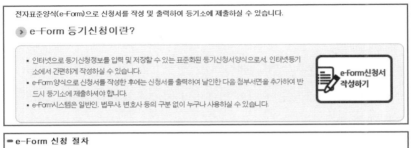

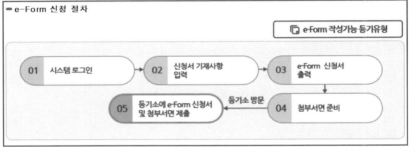

출처 : 인터넷등기소

법인의 대표이사를 포함한 이사와 감사는 3년에 한 번씩 중임등기가 필요합니다

❶ 법인의 이사와 감사를 임원이라고 합니다. 법인의 임원은 3년마다 임기 연장 신청을 해야 하는데, 이를 '중임등기'라고 합니다. 중임등기란 임기만료시점과 재취임시점 사이 시간적 간격이 없는 것을 의미합니다.

중임등기 기간이 지난 후 중임등기 신청을 하면, 중임일부터 14일 이내 중임등기 접수위반으로 과태료가 발생하기 때문에 이 경우 과태료 발생 가능성 존재는 알지만, 임기만료 후 다시 취임등기 신청의 방법으로 신고해서 과태료 발생을 피해 가려는 시도를 하기도 합니다.

이사의 임기

상법 제383조(이사의 원수, 임기)

① 이사는 3명 이상이어야 한다. 다만, 자본금 총액이 10억 원 미만인 회사는 1명 또는 2명으로 할 수 있다.

② 이사의 임기는 3년을 초과하지 못한다.

③ 제2항의 임기는 정관으로 그 임기 중의 최종의 결산기에 관한 정기 주주 총회의 종결에 이르기까지 연장할 수 있다.

감사의 임기

상법 제410조(임기)

감사의 임기는 취임 후 3년 내의 최종의 결산기에 관한 정기총회의 종결 시까지로 한다.

❷ 임원의 중임등기 신청 시 필요서류

0. 인터넷등기소 e-form 변경등기 신청서 또는 관할 등기소의 변경등기 신청서 작성
1. 등록세 납부서 작성 및 납부 후 등록면허세 납부확인서(납부영수증 아님)(위택스 납부)
2. 등기신청수수료 납부 후 확인서(등기소의 은행이나 인터넷등기소 납부)
3. 주주 전원의 서면 결의서와 주주 인감증명서 및 인감도장

   (자본금 10억 원 미만 법인은 주주 총회를 서면 결의서로 대체 가능)

4. 임원중임 승낙서
5. 정관사본(첫 장 회사명 옆에 법인 인감 날인, 원본대조필 도장 날인 각 장 간인)
6. 주주 명부
7. 해당되는 임원의 인감 도장 및 인감증명서 각 1통(대표이사 겸 사내이사라면 1통)
8. 해당되는 임원의 주민등록초본(주소, 주민등록번호 모두 표시) 1통
9. 법인인감도장 및 인감증명서

대리인 도장, 신분증

등기신청수수료 영수필 확인서

12 | 법인등기 변경신청을 전자신청하려고 하면 법인전자증명서(법원등기소 USB)가 필요합니다

법인등기 내용이 변경되면 다음과 같은 방법 중 선택해서 변경등기 신청을 해야 합니다.

❶ 법무사 등 대리인에게 의뢰

❷ 직접 변경등기 신청하는 방법

- 등기소에 직접 가서 신청하는 방법

  인터넷등기소에서 e-form 신청서를 작성하거나 등기소에서 신청서 작성

- 인터넷으로 전자 신청

  인터넷등기소에서 신청서 작성 및 모든 절차가 온라인으로 가능합니다.

  전자 신청 시 법인전자증명서가 필요합니다.

법인전자증명서의 개념

법인전자증명서란 법원 등기소에 등기된 회사에 발행하는 전자 인증서로 법인등기나 변경등기 시 법인 대표가 전자적으로 날인하기 위해 사용하는 전자법인인감의 개념입니다. 법인등기에 대부분을 전자증명서가 있어야 인터넷등기가 가능합니다.

법인전자증명서 발급방법

❶ 전자증명서 발급신청서 작성 및 제출

❷ 전자증명서 발급수수료 납부

　　[은행(현금납부)이나 통합무인발급기(카드가능)에서 납부]

법인전자증명서 발급 시 필요서류

❶ 전자증명서 발급신청서

　　별지 제1호 양식(전자증명서 발급신청서)

❷ 대표이사신분증(대리인 발급 불가)

❸ 법인인감도장

❹ 수수료 납부 영수증

전자증명서 발급신청서

상호(명칭)			등기번호	
본점(주사무소)			관할등기소	
지점(분사무소)			관할등기소	
신청인	자격 / 성명		주민등록번호	
	주소			
	전화번호			
	전자우편주소			

지배인의 발급신청에 대한 대표자의 확인	지배인 ○○○의 전자증명서 발급신청을 확인함	대표자 ○○○ (법인인감)

발급사유	□ 신규발급 □ 변경발급 □ 갱신발급 □ 초기화발급		
수수료	금 원	납부번호	

법무법인 · 법무법인(유한) · 법무사합동법인의 지배인	□ 법무사 □ 변호사	자격등록번호	

위와 같이 전자증명서의 발급을 신청합니다.

20   년   월   일

신청인　　　　본인　성명　　　　　　(법인인감)
대리인 성명(명칭)　　　　(인) (전화 :　　　　)
(자격등록번호 :　　　　　　)

지방법원　　　　등기소 귀중

접수번호		첨부서면	1. 신분증명서 2. 자격을 증명하는 서면의 사본

주 1. 신청인란에는 대표이사 등 전자증명서를 발급받는 사람에 관한 사항을 기재합니다.
　2. 전자증명서의 비밀번호는 아라비아숫자 6개 내지 8개로 구성하며 인감증명서 발급용 비밀번호는 아라비아 숫자 6개로 구성합니다.
　3. 변경발급 또는 갱신발급의 경우에는 전자증명서를 제시하여야 하나, 신청서 또는 위임장에 법인인감이나 개인인감을 날인할 필요는 없습니다.
　4. 전자증명서를 신규발급 또는 초기화발급 받은 경우에는 발급일부터 10일 이내에 대법원 인터넷등기소 (http://www.iros.go.kr)에서 이용등록을 하여야 합니다.
　5. 대리인의 자격등록번호, 법무법인· 법무법인(유한)· 법무사합동법인의 지배인이 자격자대리인인 경우 그 자격등록번호를 기재하여야 합니다.

위임장

성명(명칭) :
사무소 소재지 :
위 사람에게, 전자증명서 발급신청과 그 수령 등에 관한 일체의 권한을 줌

20   년   월   일
위임인 성명　　　　(법인인감)

인터넷등기소에서 전자증명서 이용등록

법인전자증명서(법원등기소 USB)는 인터넷등기소에서 반드시 10일 이내에 이용등록을 해야 사용 가능합니다.

❶ 이용등록 방법

1) 검색창에서 인터넷등기소 검색 후 접속

2) 대법원 인터넷등기소 → 법인등기 → 전자신청 순서로 클릭 후 접속

3) 전자증명서 등록 후 우측 그림에 따라 전자등기신청

부동산 법인전환
A TO Z

01 부동산 임대업 개인사업자는 법인전환 시 너무 많은 세금이 발생합니다

정부는 부동산 대책을 발표(7·10대책, 2020년 7월 10일 발표)해서 개인에서 법인으로 전환을 통한 세 부담 회피를 방지하기 위해 부동산 임대 및 공급업의 법인전환 시 취득세 감면을 배제했습니다. 또한, 법인전환을 통해 개인에서 법인으로 주택과 주택을 취득할 수 있는 권리를 양도 시 양도소득세 이월과세대상에서도 제외했습니다.

그 결과 주택을 임대해 부동산 임대업을 운영하는 개인이 그 주택을 법인전환 방법으로 법인에 이전 시 양도소득세를 법인전환 시점에 신고하고 납부해야 하고, 12.4%(13.4%)의 취득세를 법인이 한 번 더 부담해야 합니다.

양도소득세 이월과세 배제대상이 주택과 주택을 취득할 수 있는 권리인 반면, 취득세 감면 배제대상을 주택과 주택을 취득할 수 있는 권리를 포함한 다른 임대 부동산(부동산 임대 및 공급업의 임대 부동산)까지 확대해 부동산 임대업의 법인전환이 현실적으로 불가능하게 되었습니다.

부동산 임대와 매매를 목적으로 투자하는 개인 투자자들의 부동산 법인전환은 사실상 양도소득세와 취득세의 부담으로 불가능합니다. 따라서 이 책에서 설명하는 부동산 법인전환 내용이 부동산 임대업이나 매매업을 운영하는 투자자에게는 큰 의미가 없는 내용이 될 수 있습니다. 다만, 부동산 임대업이나 매매업이 아닌 제조업 등의 사업을 운영하는 개인의 법인전환 시 반드시 필요한 내용이므로 목적에 맞게 학습하시길 바랍니다.

1) 취득세 감면배제(부동산 임대 및 공급업 대상, 주택 외 상가 등 임대 부동산 포함) 부동산 매매·임대업의 법인전환은 포괄양수도나 현물출자에 따른 취득세 감면 혜택(75%)이 배제됩니다.

2) 양도소득세 이월과세 배제
주택이나 주택을 취득할 수 있는 권리는 법인전환 시 이월과세적용대상에서 제외됩니다(주택과 주택을 취득할 수 있는 권리 외 상가임대업은 이월과세 적용).

02 | 부동산 법인전환이 무엇인가요?

부동산 법인전환이란?

지금까지 부동산 투자자들은 개인의 명의(=이름)로 부동산 투자를 해 왔습니다.

과거에는 주택임대소득자의 사업자등록의무가 없었습니다(현재는 주택임대소득에 소득세가 계산되는 경우 사업자등록의무 있음). 주택임대소득에 관한 과세가 제대로 이루어지지 않았기 때문에 굳이 부동산을 취득하고, 판매하는 것을 법인으로 해야 할 필요성을 느끼지 못했으나, 지금은 주택임대나 매매와 관련해서 많은 규제가 시행되고 있기 때문에 개인으로서의 부동산 투자는 한계에 부딪치기 시작했습니다.

과거에는 개인 명의로 부동산 투자를 하다가, 이제는 부동산 법인을 만들어 부동산 투자 전반에 발생하는 세금을 줄여 보고자 하는 시도를 '부동산 법인전환'이라 합니다. 부동산 투자자들에게 부동산 법인이란 절세의 또 다른 방법이며, 부동산 법인을 통해 절세를 한다는 것은 이미 창출한 수익을 지키는 것에서 한 발자국 더 나아가서, 부동산 법인을 이용한 또 하나의 투자 방법 및 소득 창출 방법을 확보하는 것입니다.

부동산 법인전환의 방법

부동산 법인전환의 방법은 크게 법인신설과 법인전환 2가지로 구분됩니다.

❶ 법인신설

미래에 취득할 주택이나 부동산을 법인이름으로 구입하기 위해 법인을 만드는 것을 법인신설이라고 합니다.

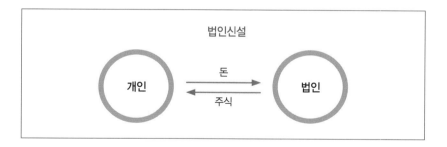

❷ 법인전환

기존에 보유하고 있는 주택이나 부동산을 법인이름으로 명의를 변경시키기 위해 법인을 만드는 것을 법인전환이라고 합니다.

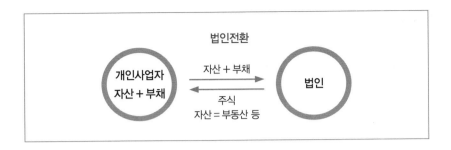

03 | 법인신설과 법인전환의 차이점은 무엇인가요?

지금까지 우리는 부동산 법인이 왜 필요한 것인지 검토했고, 부동산 법인으로의 전환 방법이 법인신설과 법인전환의 2가지 방법이 있다는 것을 파악했습니다. 지금부터는 법인신설에 의한 방법이 적합한지, 법인전환에 의한 방법이 적합한지에 대해 알아보도록 하겠습니다.

법인신설과 법인전환의 차이점 비교

나법인 씨는 가지고 있던 40억짜리 건물에 대한 세금이 너무 부담이 되어 법인에 이전하려고 합니다. 법인으로 이전해야겠다는 필요성은 절실하지만, 어떤 방식으로 이전하는지에 대해서는 궁금한 것이 많습니다. 그래서 세무사에게 상담 신청을 했고, 법인이전의 방법은 크게 2가지가 있으며, 법인신설과 법인전환이 그 2가지 방법이라는 것을 알게 되었습니다.

법인신설과 법인전환의 차이점

구분	법인신설	법인전환
설립절차	간단	복잡
설립비용	소액	수천만 원
설립기간	1주일 이내	수개월

법인신설

❶ 개인 부동산을 신설법인에게 임대해주고, 임대료 받는 방법

개인 소유의 부동산을 신설법인에게 소유권을 이전하지 않고 계속 가지고 있으면서 신설 법인에게 임대만 하는 방법입니다. 이는 개인이 기존 세입자에게 임대료를 받는 것을 법인신설 후 법인에게 임대료를 받는 것으로 개인은 임대소득의 큰 차이가 없기 때문에 법인신설은 큰 의미가 없습니다. 개인이 법인에게 무상임대나 낮은 임대료로 임대하고, 법인이 세입자에게 정상임대료로 임대하는 경우 누진세율 체계에서 소득세는 줄일 수 있으나 개인과 법인 간 적정 임대료에 대한 문제의 여지는 존재합니다.

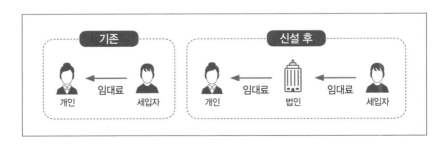

❷ 법인신설 후 추가 취득 부동산만 신설법인 명의로 취득하는 방법

기존 보유 부동산은 개인이름으로 계속 보유하고, 새롭게 취득하는 부동산은 신설 법인이름으로 취득하는 방법의 법인설립입니다. 개인의 이름으로 부동산 추가 취득이 무리가 있어서, 개인과 다른 인격체인 법인을 만들어 추가로 취득하는 부동산만 새로운 법인이름으로 취득하는 방법입니다. 누진세율 적용 세금은 재산을 한 바구니에 담으면, 세금이 많이 발생되는 특징이 있으므로(소득세와 재산세 및 종합부동산세나 상속·증여세 등), 법인을 신설하면 새롭게 취득하는 부동산은 다른 바구니에 담을 수 있습니다.

법인전환

❶ 법인전환의 개념

나법인 씨는 20년 동안 상가를 보유하고 있습니다. 20년간 상가 시세도 많이 올랐고, 임대료도 많이 나오고 있어서 수익 측면에 있어서는 만족하고 있지만, 다음과 같이 다른 소득이 있는 상태에서 부동산을 보유하고 있어서 세금이 많이 발생됩니다.

- 직장생활을 해서 근로소득이 크게 발생하는 상황에서, 임대소득이 발생되므로 부동산 임대에서 발생하는 소득은 50% 정도가 종합소득세 등으로 발생됩니다.

- 다른 재산도 많이 있기 때문에 적은 가능성이지만, 만약 불의의 사고로 본인 사망 시 남아 있는 재산의 50% 정도가 상속세로 사라집니다.
- 보유 중 보유세가 발생하며, 다른 재산과 합산되어 높은 세율이 적용됩니다.
- 자녀들에게 증여하려고 해도 증여세가 만만치 않게 발생됩니다.

절세를 위해서 여기저기 알아보고, 이 방법 저 방법 연구를 해봐도 딱히 좋은 방법을 찾지 못했습니다. 그러던 중 절세 관련 세미나에 참석해서 법인전환이라는 이야기를 듣고, 앞의 문제점들을 어느 정도 줄일 수 있다는 생각이 들어 관심을 가지기 시작했습니다.

❷ 법인전환의 방법

기존 보유 부동산을 법인에게 이전할 때 사용하는 방법입니다. 부가가치세 문제가 없고, 양도소득세를 이월하며, 취득세를 감면받을 수 있어서 많이 사용하는 방식입니다.

부동산 임대와 매매업의 부동산은 법인전환 시 취득세 감면 대상에서 제외되었습니다. 상가의 경우에는 매도가 아니라 상속계획이 있다면 취득세를 감면받지 못하더라도 법인전환을 검토해도 됩니다.

• 포괄양수도

개인사업자의 자산과 부채를 법인사업자에게 포괄적으로 양도하고, 법인사업자는 개인사업자의 자산과 부채를 포괄적으로 양수하는 방법의 법인전환입니다. 법인이 포괄적으로 개인의 자산과 부채를 양도 양수하려면, 법인설립 시 일정 금액의 돈을 가지고, 설립을 해야 하는 요건이 있습니다.

• 현물출자

법인에게 자산과 부채를 모두 이전하는 방법에 있어서는 포괄양수도와 동일합니다. 하지만 개인의 자산과 부채를 양수하기 위해 법인설립 시 그만큼의 돈을 투입하는 방법이 아니라, 돈 대신 바로 개인의 자산과 부채를 투입해서 법인을 만드는 방식입니다.

04 | 법인으로 전환할 때 세금이 많이 발생한다고 합니다. 법인전환이 될까요?

부동산 법인신설의 경우에는 법인이 만들어질 때 부동산의 이전은 없습니다. 따라서 부동산 이전에 관한 세금문제가 발생되지 않습니다. 그러나 법인전환의 경우 보유 중인 부동산의 이전을 전제로 법인을 만들기 때문에 부동산 이동과 관련된 세금문제가 발생됩니다.

법인전환 시 부동산을 법인에 판매하는 개인의 세금문제

개인기업을 법인으로 전환하게 되면, 부동산을 포함한 모든 재산과 부채를 법인에 이전하게 됩니다. 개인기업은 부동산 등을 법인에게 판매하는 것이고, 신규법인은 부동산을 취득하게 됩니다. 이 경우 부동산을 판매하는 개인사업자에게는 다음과 같은 세금문제가 발생합니다.

❶ 양도소득세

부동산 임대사업자인 개인이 보유하고 있는 부동산 등을 법인전환으로 부동산 법인에게 이전하는 것도 양도에 해당합니다.

> '양도'란 법에 열거된 자산을 다음과 같은 방법으로 그 자산을 유상으로 사실상 이전하는 것을 의미합니다.
> · 매도 · 교환 · 법인에 대한 현물출자 · 부담부증여
> 자산에 대한 등기 또는 등록을 하지 않았다고 하더라도, 사실상 유상으로 이전되었다면 양도로 봅니다.

법인전환 방식의 부동산 명의이전인 현물출자나 포괄양수도 또한 양도에 해당하기 때문에 양도소득세를 납부해야 합니다. 하지만 조세특례제한법에서는 기업의 구조조정 촉진을 지원하기 위해서 법정 요건 충족 법인전환 시 양도소득세를 법인에서 양도하는 시점까지 연장해주는 특례를 적용하고 있습니다. 이를 '양도소득세 이월과세'라고 합니다. 양도소득세 관련 지방소득세 또한 이월과세 적용대상입니다(주택과 주택을 취득할 수 있는 권리는 이월과세가 적용되지 않습니다).

❷ 부가가치세

개인사업자가 법인에게 양도하는 재산에는 부가가치세가 과세가 되는 부동산 등의 자산이 있을 수 있습니다. 상가건물 등도 법인에게 매도 시 건물에 대한 부분은 부가가치세가 과세됩니다.

매수 법인은 매도자인 개인에게 매매 가격(토지 + 건물 가격)을 지급해

야 합니다. 또한 매매 가격과 별도로 부가가치세(건물 가격의 10%)를 지급해야 합니다. 매수자는 매도자에게 부가가치세를 별도로 10%를 지급하지만, 국세청에서 10%를 돌려(=환급)받기 때문에 손해가 없다고 생각할 수 있습니다.

납부는 먼저 하고 환급은 일정기간 후에 받기 때문에 아무런 실익 없이 부가가치세만큼 매매대금을 추가로 준비를 해야 하는 문제점이 있습니다. 하지만 법인전환 요건을 충족해서 부동산 법인에게 이전한다면, 부가가치세 문제는 발생하지 않습니다.

부동산을 취득하는 부동산 법인의 세금문제

❶ 취득세

• 법인이 법인전환으로 부동산 취득

토지·건물·차량 등 지방세법상 과세대상 자산을 법인이 취득하는 경우 취득세가 발생합니다. 하지만 기업구조조정 촉진을 위해 법에서 정한 요건을 충족한 법인전환 시 법인에서 2024년 12월 31일까지 취득한 사업용 고정자산에 해당하는 부동산에 대해서는 취득세의 75%는 감면되고, 나머지 25%가 과세(2019년 이전까지는 100% 면제되었으나 지금은 75% 감면이고, 점점 축소예정)됩니다. 다만 비영업용 소형승용차는 감면대상에서 제외됩니다.

〈지방세 특례 제한법 제57조의 2 기업합병·분할 등에 대한 감면〉

• 감면된 취득세의 추징사유

취득일로부터 5년 이내에 정당한 사유 없이 사업을 폐업하거나 해당 부동산 등을 처분(임대 포함) 또는 주식을 50% 이상 처분하는 경우에는 감면받은 세액과 벌금 성격인 가산세를 추가로 납부해야 합니다.

> 주의 : 한국표준산업분류표(통계청장이 통계법 22조에 따라 고시)에 따른 부동산 임대 및 공급업은 취득세 감면이 안 되므로 부동산 임대업에 사용하는 부동산을 법 인전환 하는 것은 심각한 세금문제를 발생시킬 수 있습니다.

❷ 농어촌 특별세

취득세 감면세액 관련 농어촌 특별세는 감면세액의 20%가 발생(75% 감면액 × 20% = 15%)됩니다.

❸ 부동산 임대 및 공급업 외 업종의 부동산을 법인전환 시 취득세와 농어촌 특별세의 계산(예 : 제조업의 공장, 학원의 강의실 건물)

• 법인전환으로 인한 상가 취득(취득세율 5% 가정)

　- 취득세 : 1.25%(5%×25%)(75%는 감면)

　- 농어촌 특별세 : 0.75%(5%×75%×20%)(=감면세액의 20%)

즉 감면을 정상적으로 받더라도 취득세는 취득가액의 2%(1.25%+0.75%)가 발생합니다.

• 법인전환으로 인한 주택 취득(국민주택 규모 주택 가정)

  – 취득세 : 12%(주택 감면 안 됨)

  – 농어촌특별세 : 주거전용면적 $85\,m^2$ 이하 비과세·초과 주택 : 1%

  – 지방교육세 : 0.4%

주택이나 임대용 부동산은 법인전환이 현실적으로 어려움.

법인전환으로 사업용 고정자산에 해당하는 부동산을 취득하는 법인의 기타 세금문제

❶ 부동산 취득 관련 국민주택채권 매입비용 발생

참조. (주택도시기금법 제8조)[주택도시기금법 시행규칙(별표 1)]

1) 개인기업의 법인전환으로 부동산의 이전 등기 시 주택도시기금법의 규정에 따라 일정 금액의 국민주택채권을 매입해야 합니다. 다만 다음 요건을 모두 충족하는 현물출자의 경우 국민주택채권 매입이 면제됩니다(포괄양수도에 의한 법인전환은 국민주택채권매입이 면제되지 않습니다).

국민주택채권이란?

부동산 등기를 할 경우 국민주택기금의 재원을 조달하기 위해 의무적으로 발행(= 판매)하는 채권입니다. 국민주택채권을 구입 시 일반채권과 마찬가지로 만기일까지 국민주택채권을 보유한다면 만기일에 원금과 이자를 받을 수 있습니다. 하지만 이자율이 아주 낮기 때문에 일반적으로 대부분의 사람들이 국민주택채권을 만기까지 보유하지 않고 매입 후 즉시 취득가격보다 낮은 가격으로 판매를 합니다. 부동산 등기 신청을 위해 국민주택채권을 매입하고 만기까지 보유하지 않고 바로 판매할 경우, 판매 당시 할인율에 따른 금액만큼 취득가격과 판매가격 차액만큼 부담금액이 발생합니다.

주택도시기금법 제8조(국민주택채권의 매입)

① 다음 각 호의 어느 하나에 해당하는 자 중 대통령령으로 정하는 자는 국민주택채권을 매입하여야 한다.

1. 국가 또는 지방자치단체로부터 면허 · 허가 · 인가를 받는 자

2. 국가 또는 지방자치단체에 등기 · 등록을 신청하는 자

4. '주택법'에 따라 건설 · 공급하는 주택을 공급받는 자

2) 국민주택채권 매입금액은 대한법무사협회에서 제공하는 국민주택 채권계산기나 주택도시기금 홈페이지의 청약/채권-제1종국민주택채권-매입대상금액조회나 고객부담금 조회를 통해서 계산할 수 있습니다.

출처 : 주택도시기금

출처 : 주택도시기금

똑똑한 절세 방법, 부동산 법인이 답이다!

3) 국민주택채권의 매입이 면제되는 대상자와 그 범위는 다음에 해당하는 경우에 적용됩니다.

주택도시기금법 시행규칙[별표 1]〈개정 2021. 8. 27〉

대상자	중소기업기본법에 따른 중소기업을 경영하는 자가 해당 사업에 1년 이상 사용한 사업용 자산을 현물출자하여 설립한 법인의 설립등기에 따른 등기 (자본금이 종전사업자의 1년간 평균 순자산가액 이상인 경우로 한정)
대상자의 범위	중소기업을 경영하는 자가 법인을 설립하는 경우에는 설립등기를 하는 자
면제항목	중소기업을 경영하는 자가 신설되는 회사에 현물출자한 부동산에 관한 등기
면제자임을 확인하는 서류	중소기업을 경영하는 자가 설립한 법인의 경우 해당 법인설립일 전일 현재의 재무상태표 감정평가서 및 회계감사보고서가 포함된 검사인의 보고서

❷ 법인설립 등록 면허세

출자금액(출자가액)×4/10,000(단, 112,500원 이하이면 112,500원으로 결정)

❸ 법인설립 교육세

등록면허세의 20%

05 | 포괄양수도와 현물출자는 어떻게 다른가요?

부동산 법인전환 방법 중 법인신설의 방법이 아닌, 법인전환 방법에는 포괄양수도에 의한 법인전환의 방법과 현물출자에 의한 법인전환의 방법 2가지가 있습니다.

만약 포괄양수도의 요건을 충족하지 못하거나 현물출자의 방법을 충족하지 못한다면, 양도소득세와 부가가치세를 포함한 취득세 등의 세금이 법인전환 시점에 발생됩니다.

포괄양수도 방법에 의한 법인전환

❶ 포괄양수도의 개념

포괄양수도는 개인은 포괄적으로 판매를 하고, 법인은 포괄적으로 매수를 하는 방법입니다.

❷ 포괄양수도의 범위

개인사업자의 모든 자산과 부채를 포괄적으로 사고파는 것이 포괄양수도입니다. 개인사업자의 재산으로 신고된 재산과 부채는 물론이고, 회계장부에 신고되지 않았지만, 실제 사업에 사용되고 있는 자산과 부채도 같이 법인에 양도를 해야 하고, 법인은 양수를 해야 합니다.

❸ 포괄양수도의 요건

• 법인설립 시 투입 자본금이 개인사업자의 순자산가액(자산-부채) 이상이 되어야 합니다. 포괄양수도에서 법인이 태어나는 이유는 개인사업자의 자산과 부채를 인수하기 위해서입니다. 법인이 인수금액(=자본금)도 없이 태어난다는 것은 진정한 인수를 위해서 태어나는 것이 아니라고 판단하기 때문에 포괄양수도를 인정하지 않으며, 양도소득세 및 부가가치세나 취득세 등에 대한 이월 및 감면이 발생되지 않습니다.

따라서 법인전환은 해야 되는데, 순자산만큼의 자본금이 없다면 포괄양수도 방법이 아닌, 현물출자 방법에 의한 법인전환을 선택해야 합니다.

• 포괄양수도 방법에 의한 법인전환을 선택한 경우 법인설립일 이후 3개월 이내에 개인사업자의 모든 자산과 부채가 법인에 이전이 되어야 합니다. 3개월 이내에 마무리되지 않으면, 양도소득세나 취득세 등에 대한 감면이 발생되지 않습니다.

현물출자 방법에 의한 법인전환

❶ 현물출자의 개념

법인을 만들 때 주주(=투자자)는 자본금만큼 돈을 투자합니다. 법원에서는 금융기관 잔액증명서를 통해서 자본금이 준비가 되었는지 확인하고, 법인을 허가합니다. 법원에서는 법인에서 돈을 투자하면, 잔액증명서를 통해 쉽게 확인할 수 있습니다. 하지만 돈을 투자하지 않고, 물건을 투자한다면 어떻게 될까요?

❷ 현물출자의 범위

법인설립 시 돈을 투자하는 것 대신에 개인사업자의 모든 자산과 부채(=순자산)를 포괄적으로 법인에 투입하는 것이 현물출자입니다. 개인사업자의 재산으로 신고된 재산과 부채는 물론이고, 회계장부에 신고되지 않았지만 실제 사업에 사용되고 있는 자산과 부채도 같이 법인에 투입을 해야 합니다.

❸ 현물출자의 요건

개인사업자가 사업에 사용하고 있는 모든 자산과 부채가 법인에 귀속이 되어야 합니다. 요건에 맞지 않을 경우 양도소득세가 발생하며, 취득세 등도 감면이 되지 않습니다.

06 | 현물출자란 무엇인가요? 자세하게 알고 싶어요

법인으로의 전환 방법을 크게 2가지로 분류하면, 법인을 만들어 새롭게 시작하는 법인신설의 방법과 기존의 개인사업자를 그대로 법인에서 인수해서 사업을 계속하는 법인전환의 방법이 있습니다.

법인전환의 방법에는 포괄양수도와 현물출자 2가지 방법이 있는데, 현물출자에 대해서 좀 더 자세하게 알아보도록 하겠습니다.

현물출자의 개념

현물출자란 글자 그대로에서 답을 찾을 수 있습니다.

현물 : 현재 사업에 존재하는 물건(= 자산+부채)

출 : 넣다

자 : 자본금

즉 법인을 만들 때 돈을 넣어서 법인을 만드는 것이 아니라, 개인사업자가 사용하고 있는 자산과 부채를 넣어서 법인을 만드는 것입니다.

현물출자의 문제점

법인을 만들 때에는 초기 자본금을 보통 투자자들에게 돈으로 받아서 설립합니다. 이를 허가하는 법원에서도 금융기관 잔액증명서를 통해 정상적으로 돈을 출자 받았는지, 또는 그렇지 않은지를 확인합니다.

돈은 그 자체가 평가기준이므로, 다른 척도로 평가하지 않아도 됩니다. 하지만 법인을 만들 때 돈이 아닌 물건을 받는다면, 그 물건의 가격이 얼마나 되는지 평가해야 하는 문제점이 발생합니다.

즉 현물출자는 법인을 만들 때 자본금을 돈으로 넣는 것이 아니라, 물건을 넣어서 진행하는 것이기 때문에 그 물건이 얼마인지 평가해야 하는 절차가 발생합니다. 이를 상법에서는 '변태설립사항'이라고 하고, 법원은 이를 조사해야 합니다.

> **상법 [시행 2020. 12. 29] [법률 제17764호, 2020. 12. 29, 일부개정]**
> **제290조(변태설립사항)**
> 다음의 사항은 정관에 기재함으로써 그 효력이 있다.
> 1. 발기인이 받을 특별이익과 이를 받을 자의 성명.
> 2. 현물출자를 하는 자의 성명과 그 목적인 재산의 종류, 수량, 가격과 이에 대하여 부여할 주식의 종류와 수.
> 3. 회사 성립 후에 양수할 것을 약정한 재산의 종류, 수량, 가격과 그 양도인의 성명.
> 4. 회사가 부담할 설립비용과 발기인이 받을 보수액.

제310조(변태설립의 경우의 조사)

① 정관으로 제290조에 게기한 사항을 정한 때에는 발기인은 이에 관한 조사를 하게 하기 위하여 검사인의 선임을 법원에 청구하여야 한다.

② 전항의 검사인의 보고서는 이를 창립총회에 제출하여야 한다.

③ 제298조 제4항 단서 및 제299조의 2의 규정은 제1항의 조사에 관하여 이를 준용한다〈신설 1995. 12. 29〉.

제298조(이사·감사의 조사·보고와 검사인의 선임청구)

① 이사와 감사는 취임 후 지체 없이 회사의 설립에 관한 모든 사항이 법령 또는 정관의 규정에 위반되지 아니하는지의 여부를 조사하여 발기인에게 보고하여야 한다.

② 이사와 감사 중 발기인이었던 자·현물출자자 또는 회사성립 후 양수할 재산의 계약당사자인 자는 제1항의 조사·보고에 참가하지 못한다.

③ 이사와 감사의 전원이 제2항에 해당하는 때에는 이사는 공증인으로 하여금 제1항의 조사·보고를 하게 하여야 한다.

④ 정관으로 제290조 각 호의 사항을 정한 때에는 이사는 이에 관한 조사를 하게 하기 위하여 검사인의 선임을 법원에 청구하여야 한다. 다만, 제299조의 2의 경우에는 그러하지 아니하다.

제299조의 2(현물출자 등의 증명)

제290조 제1호 및 제4호에 기재한 사항에 관하여는 공증인의 조사·보고로, 제290조 제2호 및 제3호의 규정에 의한 사항과 제295조의 규정에 의한 현물출자의 이행에 관하여는 공인된 감정인의 감정으로 제299조 제1항의 규정에 의한 검사인의 조사에 갈음할 수 있다. 이 경우 공증인 또는 감정인은 조사 또는 감정결과를 법원에 보고하여야 한다.

현물출자의 특징

① 다른 법인설립절차와 차이점

법인설립허가가 나오지 않아도, 사업자등록이 가능합니다. 사람으로 비유하면 출생신고를 하지 않고, 주민등록번호가 없어도 사업자등록증이 나오는 것입니다. 이는 법인이 출생했으나 법인 허가가 나오지 않은 것으로, 허가 진행 중으로 봐서 사업자등록증을 미리 발급합니다. 따라서 법인등록번호나 인감증명서 및 등기부등본 등이 발급되지 않았지만, 사업자가 할 수 있는 모든 것이 가능합니다.

② 현물출자 시 주의점

앞의 내용과 같이 현물출자의 경우에는 아직 주민등록번호와 같은 법인등록번호가 법원의 현물출자에 대한 조사 종결 시까지 발급되지 않습니다. 따라서 법인등록번호가 필요한 업무를 하는데, 많은 질문을 받을 가능성이 존재합니다.

예를 들면 은행에 통장을 발급받으려고 할 때, 필수서류인 법인등기부등본이나 인감증명서 및 주주명부 등이 필요한데, 설립진행 중이기 때문에 필수서류를 제출할 수 없으며, 이 때문에 담당자가 금융거래허가를 잘 해주지 않을 수 있습니다. 하지만 이는 크게 오래 걸리지 않기 때문에 현물출자와 동시에 개인통장을 새로 발급받아 사용하다가 법인통장이 발급되면, 그대로 이어가면 될 듯합니다.

07 | 부동산 법인으로 전환하는 데 들어가는 돈은 얼마 정도인가요?

부동산 법인의 설립방법을 크게 2가지로 나누면, 법인신설과 법인전환이 있습니다. 법인신설 방법과 법인전환 방법, 이 2가지는 비용에 큰 차이가 있으므로, 잘 검토해야 어떤 방법의 부동산 법인이 나에게 맞는지 판단할 수 있습니다.

법인신설

법인신설은 기존의 개인사업장은 그대로 두고, 새로운 법인을 추가로 만들어 앞으로 발생하는 부동산의 취득 운영 판매 등을 법인이름으로 하는 것입니다. 그렇기 때문에 부동산 법인을 만드는 데는 큰 비용이 들어가지 않습니다.

구분	법인설립비용						법무사 수수료
	수도권 과밀억제권역 외의 지역			수도권 과밀억제권			
자본금	1,000만 원	5,000만 원	1억 원	1,000만 원	5,000만 원	1억 원	500,000원 법무사마다 차이 존재 가능
등록면허세	112,500원	200,000원	400,000원	337,500원	600,000원	1,200,000원	
지방교육세	22,500원	40,000원	80,000원	67,500원	120,000원	240,000원	법인도장과 기타비용 포함
합계	135,000원	240,000원	480,000원	405,000원	720,000원	1,440,000원	

법인전환

법인전환은 기존의 개인사업장을 법인에 판매하는 것이기 때문에 상당히 많은 비용이 발생됩니다. 법인전환의 방법은 크게 포괄양수도에 의한 방법과 현물출자에 의한 방법 2가지가 있습니다.

❶ 포괄양수도

포괄양수도는 법인설립과정이 변태설립사항이 아니므로 법원의 검사인이 필요하지 않습니다. 따라서 포괄양수도 방법에 의한 법인전환 수수료는 현물출자의 경우 발생하는 수수료에 법원의 검사인 수수료를 빼면 됩니다.

❷ 현물출자

현물출자에 의한 법인전환 비용은 크게 2가지로 구분됩니다. 하나는 세금과 공과금이고, 다른 하나는 전문가 수수료입니다.

• 세금과 공과금

취득세 과세대상 부동산 등은 현물출자 당시 시가 기준으로 취득세율을 적용합니다. 아파트의 경우는 부동산 실거래가가 존재하므로 부동산 실거래가가 시가가 됩니다.

- 순자산은 현물출자 당시의 자산에서 부채를 차감한 금액을 기준으로 합니다.

• 전문가 수수료

현물출자에 참여하는 전문가는 감정평가사와 법무사, 공인회계사가 있습니다.

- 감정평가사 : 부동산의 시가평가를 하는 역할을 하며, 아파트의 경우에는 부동산 실거래가격이 존재하기 때문에 감정평가사가 필요하지 않을 수 있습니다.
- 공인회계사 : 법원이 변태설립사항을 조사하기 위해 검사인을 선임하는데, 그 검사인 대신 선임할 수 있는 전문가가 공인회계사입니다.
- 법무사 : 법인전환 전반적인 업무를 맡으며, 취득세 감면 신청과 함께 법인설립 업무를 담당합니다.

Case 1. 상가 · 공장

현물출자 방법에 의한 법인전환 (상가 30억 원, 대출 10억 원 가정)	세금과 공과금	취득세	3,750만 원 (토지 건물 가격의 1.25%)
		농어촌특별세	2,250만 원 (토지 건물 가격의 0.75%)
		등기비용	1,000만 원(순자산의 0.5%)
		양도소득세	법인이 양도 시까지 연기
	전문가 수수료	감정평가사	300만 원(1억 원당 10만 원)
		법무사	300만 원
		공인회계사	400만 원
	합계		8,000만 원

Case 2. 주택(양도소득세 이월과세가 안 되어 양도소득세 즉시 발생, 취득세 감면 안 됨)

현물출자 방법에 의한 법인전환 (아파트 85㎡ 초과 시가 6억 원 취득가격 3억 원 보유기간 2년 6개월 가정)	세금과 공과금	취득세	7,440만 원((12.4%) 지방소득세 포함)
		농어촌특별세	600만 원((1%) 주거전용면적 85㎡ 이하는 0원)
		등기비용	288만 원(0.48%)
		양도소득세	1억 406만 원
	전문가 수수료	감정평가사	60만 원
		법무사	300만 원
		공인회계사	400만 원
	합계		1억 9,494만 원

추가

* 법인의 주택 취득세율은 13.4%입니다(취득세 12%, 농어촌특별세 1%, 지방교육세 0.4%).
* 등기비용은 순자산 가격 기준으로 0.48%가 발생되는데, 자산가격에서 부채(보증금 포함)를 차감한 가격이 순자산 가격입니다.
* 양도소득세율은 다주택 중과세율 적용제외기간을 가정(2022. 5. 10~2023. 5. 9)

세금과 공과금은 물건이나 상황에 따라 차이 발생이 가능하며, 전문가 수수료 역시 전문가마다 각각 다른 수수료가 발생할 수 있습니다.

08 | 양도소득세 이월과세가 무엇인가요?

이월과세란?

　법인전환의 방법에 의해서 개인의 부동산이 법인에게 이전되는 경우에도 양도에 해당하므로, 양도소득세를 신고하고 납부해야 합니다. 하지만 개인이 사업에 사용되는 부동산 등을 포괄양수나 현물출자 요건을 갖추어서 법인에게 양도하는 경우, 양도하는 개인은 양도소득세를 신고만 하고, 납부는 하지 않으며, 양수한 법인이 그 부동산 등을 양도할 때까지 납부기한을 연장하는 것을 '이월과세'라고 합니다.

　이월된 양도소득세는 개인이 종전 부동산 등을 그 법인에 양도한 날이 속하는 과세기간에 다른 양도 자산이 없다고 보아 계산한 양도소득 산출세액이며, 법인세로 납부하게 됩니다.

> 주의 : 주택이나 주택을 취득할 수 있는 권리의 경우 이월과세적용 대상이 아닙니다.
> 따라서 주택을 법인전환하는 것은 심각한 세금문제를 발생시킬 수 있습니다.

이월과세의 특징

❶ 개인사업자의 양도소득세는 매수자인 법인이 납부

양도소득세는 원칙적으로 판매하는 사람이 보유 기간 중 발생한 양도소득에 대한 세금을 납부해야 합니다. 하지만 적법한 절차에 의한 포괄양수도나 현물출자방식에 의해 법인에 매각한다면, 부동산을 매도자가 양도소득세를 부담하는 것이 아니라, 매수자가 양도소득세를 부담하는 것과 같은 결과가 발생됩니다.

❷ 양도소득세는 납부만 연장(법인으로 양도 시점에 양도소득세는 신고)

포괄양수도나 현물출자 방식으로 개인의 부동산을 법인에 판매 시 주의해야 할 것은 법인전환 시점에 양도소득세를 계산해서 신고해야 한다는 것입니다. 다만 납부시기만 연장을 하는 것이므로, 양도소득세가 가장 많이 나오는 시점에는 법인전환을 하지 않는 것이 좋습니다.

왜냐하면 양도소득세를 줄이기 위해 법인전환을 하는데, 양도소득세가 가장 많은 시점에 양도소득세를 계산 후 신고하면서 단지 납부시기만 연장하는 것은 큰 도움이 되지 않기 때문입니다.

❸ 법인설립등기일로부터 5년 이내 주식 양도 또는 사업폐지

법인의 설립등기일로부터 5년 이내에 법인의 주식을 50% 이상 양도하거나 사업을 폐지하는 경우에는 이월과세 효과가 취소가 되기 때문에 양도소득세를 사유발생 즉시 납부해야 할 상황이 발생합니다.

참고 l 사업폐지
사업용 고정자산의 50% 이상을 처분하거나 사업에 사용하지 않는 경우

부록

2022년 7월 21일 발표
세법개정(안)

세법개정(안)은 아직 변경된 것이 아니며, 아래와 같은 절차를 통해 국회에서 통과되어야 세법으로 확정되어 세금 계산에 적용됩니다. 아직 확정되지 않았지만, 개정세법(안)은 정부의 부동산 정책 방향을 알려주는 것이며, 투자 판단에 중요한 방향을 제시하기 때문에 개정세법(안)의 내용과 세법으로 확정 여부에 관심을 가져야 합니다.

발표된 개정세법(안)이 국회 통과되어 세법으로 확정되는 유형
 – 발표된 개정세법(안)이 변경 없이 확정되는 경우
 – 발표된 개정세법(안)이 수정되어 확정되는 경우
 – 발표된 개정세법(안)이 폐기되는 경우

• 7월 21일(목) : 2022년 세제개편안 발표
• 7월 22일(금)~8월 8일(월) : 입법예고(17일간)
• 8월 18일(목) : 차관회의
• 8월 23일(화) : 국무회의
• 9월 2일(금) 이전 : 정기국회 제출

정부에서 발표한 개정세법(안)의 내용 중 부동산과 관련된 중요한 내용에 대해서 살펴보도록 하겠습니다.

법인세법 개정(안)

1. 법인세 세율 인하 및 과세표준 구간 조정(법인법 §55)

1) 최저세율 10% 구간을 중소·중견기업에 한해 기존 2억 원에서 5억 원까지 확대(특례 제외 업종은 최저 세율 기존 동일 2억 원까지 10%)

2) 최고세율 25% 구간을 삭제하고 최고세율을 22%로 인하

현행		개정안	
과세표준	세율	과세표준	세율
2억 원 이하	10%	5억 원 이하	10% (중소·중견기업)
2~200억 원	20%		
200~3,000억 원	22%	5~200억 원	20%
3,000억 원 초과	25%	200억 원 초과	22%
변경 전은 모든 법인에 동일한 세율 적용		− 다음 요건을 모두 갖춘 중소·중견기업*은 10% 특례세율 적용 제외 * 소비성 서비스업은 현행과 동일하게 제외 ❶ 지배주주 등이 50% 초과 지분을 보유 ❷ 부동산 임대업이 주된 사업이거나 부동산 임대수입·이자·배당의 매출액 대비 비중이 50% 이상	

〈개정 이유〉 법인세 부담 경감 및 투자·일자리 창출 지원
〈적용 시기〉 '23. 1. 1 이후 개시하는 사업연도분부터 적용

2. 이월결손금 공제한도 상향(법인법 §13·45·46의 4·76의 13·91)

현행	개정안
이월결손금 공제한도	이월결손금 공제한도 확대
일반법인 : 각 사업연도 **소득의 60%**	60% → 80%
중소기업 : 소득의 100%	(좌동)

〈개정 이유〉 과도한 공제한도 합리화
〈적용 시기〉 '23. 1. 1 이후 개시하는 사업연도분부터 적용

3. 가상자산 과세 2년 유예(소득법 §37⑤, 소득법 부칙, 법인법 부칙 등)

현행	개정안
□ 가상자산소득에 대한 과세 　○ (과세대상) 가상자산을 양도 또는 대여함으로써 발생하는 소득 　○ (소득구분) 기타소득 　○ (과세방법) 250만 원 기본공제를 적용한 소득에 대해 20% 세율로 분리과세 　○ (시행시기) '23. 1. 1	□ 시행시기 유예 　○ (좌동) 　○ '25. 1. 1

〈개정이유〉 가상자산 시장 여건, 투자자 보호제도 정비 등 고려

4. 가상자산 거래내역 제출의무 부과 신설(법인법 §120의 5)

현행	개정안
〈신설〉	□ 가상자산사업자에 대해 가상자산 거래내역 등 제출의무 부과 　○ (제출대상) '특정금융정보법' 제7조에 따라 신고가 수리된 가상자산사업자 　○ (제출내용) 가상자산을 양도·대여한 법인의 거래명세서 　○ (제출시기) 분기 종료 후 2개월 이내

〈개정 이유〉 가상자산소득 과세의 실효성 확보
〈적용시기〉 '23. 1. 1 이후 양도·대여하는 분부터 적용

소득세법·조세특례제한법 개정(안)

1. 소득세 과세표준 구간 조정(소득법 §55①)

현행		개정안	
소득세 과세표준 및 세율		과세표준 조정	
과세표준	세율	과세표준	세율
1,200만 원 이하	6%	**1,400만 원 이하**	6%
1,200만 원~4,600만 원 이하	15%	**1,400만 원~5,000만 원 이하**	15%
4,600만 원~8,800만 원 이하	24%	**5,000만 원~8,800만 원 이하**	24%
8,800만 원~1.5억 원 이하	35%	8,800만 원~1.5억 원 이하	35%
1.5억 원~3억 원 이하	38%	1.5억 원~3억 원 이하	38%
3억 원~5억 원 이하	40%	3억 원~5억 원 이하	40%
5억 원~10억 원 이하	42%	5억 원~10억 원 이하	42%
10억 원 초과	45%	10억 원 초과	45%

〈개정 이유〉 서민·중산층 세부담 완화
〈적용 시기〉 '23. 1. 1 이후 발생하는 소득분부터 적용

2. 식대 비과세 한도 확대(소득령 §17의 2)

현행	개정안
□ **비과세되는 식사대 범위**	□ **비과세 한도 확대**
○ 근로자가 사내급식 또는 이와 유사한 방법으로 제공받는 식사 또는 음식물	○ (좌동)
○ 사내급식 등을 제공받지 않는 근로자가 받는 **월 10만 원 이하**의 식사대	○ **월 10만 원 이하 → 월 20만 원 이하**

〈개정 이유〉 근로자 세부담 완화
〈적용 시기〉 '23. 1. 1 이후 발생하는 소득분부터 적용

3. 주거비 부담 완화(주택임대소득 수령인 소득 파악 가능)

월세 세액공제율 상향(조특법 §95의 2·122의 3)

현행	개정안
▫ 월세세액 공제	▫ 세액공제율 상향
○ (대상) 총급여 7,000만 원(종합소득금액 6,000만 원) 이하 무주택근로자 및 성실사업자	○ (좌동)
○ (공제율) 월세액의 **10% 또는 12%*** * 총급여 5,500만 원 또는 종합소득금액 4,500만 원 이하 자	○ 월세액의 **12% 또는 15%*** * 총급여 5,500만 원 또는 종합소득금액 4,500만 원 이하 자
○ (공제한도) 750만 원	○ (좌동)

〈개정 이유〉 서민 주거비 부담 완화
〈적용 시기〉 '23. 1. 1 이후 신고하거나 연말정산하는 분부터 적용

4. 퇴직소득세 부담 완화(소득법 §48①)

현행		개정안	
▫ 퇴직소득 근속연수공제액		▫ 근속연수공제액 확대	
근속연수	공제액	근속연수	공제액
5년 이하	**30만 원**×근속연수	5년 이하	**100만 원** × 근속연수
6~10년	150만 원＋**50만 원** × (근속연수 − 5년)	6~10년	500만 원＋**200만 원** × (근속연수 − 5년)
11~20년	400만 원＋**80만 원** × (근속연수 − 10년)	11~20년	1,500만 원＋**250만 원** × (근속연수 − 10년)
20년 초과	1,200만 원＋**120만 원** × (근속연수 − 20년)	20년 초과	4,000만 원＋**300만 원** × (근속연수 − 20년)

〈개정 이유〉 퇴직자 세부담 경감
〈적용 시기〉 '23. 1. 1 이후 퇴직하는 분부터 적용

5. 착한 임대인 세액공제 적용기한 연장(조특법 §96의 3)

현행	개정안
□ **상가임대료 인하 임대사업자의 임대료 인하액 세액공제** ㅇ (공제율) 임대료 인하액의 70% 　(종합소득금액이 1억 원 초과 시 50%) ㅇ (임대인) '상가임대차법'상 부동산 임대사업자 ㅇ (임차인) '소상공인기본법'상 소상공인, 임대차 계약기간이 남은 폐업소상공인 ㅇ (적용기간) '22. 12. 31	□ **적용기한 연장** ㅇ '23. 12. 31

〈개정 이유〉 소상공인의 임차료 부담 경감

6. 주택임대소득 과세 고가주택기준 인상(소득법 §12, 소득령 §8의 2)

현행	개정안
□ **주택임대소득 과세* 고가주택 기준** * 1주택 중 고가주택 보유자 및 2주택 이상 보유자의 월세 임대소득 과세 ㅇ **기준시가 9억 원 초과**	□ **고가주택 기준 합리화** ㅇ **기준시가 12억 원 초과**

〈개정 이유〉 주택임대소득 과세기준 합리화

7. 가상자산 과세 2년 유예(소득법 §37⑤, 소득법 부칙, 법인법 부칙 등)

현행	개정안
□ **가상자산소득에 대한 과세** ㅇ (과세대상) 가상자산을 양도 또는 대여함으로써 발생하는 소득 ㅇ (소득구분) 기타소득 ㅇ (과세방법) 250만 원 기본공제를 적용한 소득에 대해 20% 세율로 분리과세 ㅇ (시행시기) '23. 1. 1	□ **시행시기 유예** ㅇ (좌동) ㅇ '25. 1. 1

〈개정 이유〉 가상자산 시장 여건, 투자자 보호제도 정비 등 고려

종합부동산세법 · 조세특례제한법 · 국세기본법 개정(안)

1. 주택분 종합부동산세 세율 및 세부담상한 조정(종부세법 §9 ①·②)

현행			개정안	
□ 주택분 종합부동산세 세율* 조정대상지역 2주택 포함			□ 다주택자 중과제도 폐지 및 세율 인하	
과세표준	2주택 이하	3주택 이상*	과세표준	세율
3억 원 이하	0.6%	1.2%	3억 원 이하	0.5%
3억 원 초과 6억 원 이하	0.8%	1.6%	3억 원 초과 6억 원 이하	0.7%
6억 원 초과 12억 원 이하	1.2%	2.2%	6억 원 초과 12억 원 이하	1.0%
12억 원 초과 50억 원 이하	1.6%	3.6%	12억 원 초과 25억 원 이하	1.3%
50억 원 초과 94억 원 이하	2.2%	5.0%	25억 원 초과 50억 원 이하	1.5%
94억 원 초과	3.0%	6.0%	50억 원 초과 94억 원 이하	2.0%
			94억 원 초과	2.7%
법인	3.0%	6.0%	법인	2.7%

〈개정 이유〉 응능부담 원칙에 따라 주택 수 차등 과세를 가액 기준 과세로 전환하고 세부담 적정화

〈적용 시기〉 '23. 1. 1 이후 납세의무가 성립하는 분부터 적용

2. 주택분 종합부동산세 세부담 상한 조정(종부세법 §10)

현행	개정안
□ **주택분 종부세 세부담 상한*** * 전년도 주택분 세액 대비 일정 비율 초과분 과세 제외 ○ (2주택 이하) 150% ○ (3주택 이상*) 300% * 조정대상지역 2주택 포함 ○ (법인) 상한 없음	□ **세부담 상한 조정** ○ 150% ○ (좌동)

〈개정 이유〉 세부담의 급격한 증가 방지

〈적용 시기〉 '23. 1. 1 이후 납세의무가 성립하는 분부터 적용

3. 주택분 종합부동산세 기본공제금액 상향(종부세법 §8①)

현행	개정안
▫ **주택분 종부세 기본공제금액** * 주택분 종부세 과세표준 = 공시가격 합산액 − 기본공제금액 ○ **(일반) 6억 원** ○ **(1세대 1주택자) 11억 원** ○ **(법인) 기본공제 없음**	▫ **기본공제금액 조정** ○ **6억 원 → 9억 원** ○ **11억 원 → 12억 원** ○ **(좌동)**

〈**개정 이유**〉 기본공제금액을 현실화하고 양도소득세와 고가주택 기준 통일
〈**적용 시기**〉 '23. 1. 1 이후 납세의무가 성립하는 분부터 적용

4. 1세대 1주택자 종합부동산세 특별공제 도입(조특법 §99의 13 신설)

현행	개정안
〈신설〉	▫ **'22년 1세대 1주택자 특별공제 한시 도입** ○ **(대상) 1세대 1주택자** ○ **(특례)** '22년 주택분 종합부동산세 **과세표준** 산정 시 기본공제금액(11억 원) + 3억 원 추가 공제

※ 의원입법안으로 8월 임시국회 논의 추진
〈**개정 이유**〉 '22년 공시가격 상승에 따른 1세대 1주택자 세부담 증가 완화
〈**적용 시기**〉 '22년에 납세의무가 성립하는 분에 대해서만 적용

5. 고령자·장기보유자 종합부동산세 납부유예 도입(종부세법 §20의 2 신설)

현행	개정안

〈신설〉	▫ **1세대 1주택 고령자·장기보유자 종부세 납부유예**
	 ○ **(대상)** 다음의 요건을 모두 충족하는 자
	  − **1세대 1주택자**
	  − **만 60세 이상 또는 주택 5년 이상 보유**
	  − 직전 과세기간 **총급여 7,000만 원**(종합소득금액 6,000만 원) 이하
	  − 해당연도 **주택분 종부세액 100만 원 초과**
	 ○ **(납부특례)** 납세담보 제공 시 **상속·증여·양도 시점까지** 주택분 종부세 **납부유예**
	  * 납부기한 이후 납부유예 종료 시점까지 기간 동안 이자상당액 부과
	  − **요건 미충족 사유**가 발생한 경우 **납부유예를 취소**하고 **세액 및 이자상당액 추징**
	 ○ **(절차)** 납세자가 종부세 납부기한 종료일(12. 15) **3일 전**까지 납부유예 신청
	  − **관할 세무서장은 납부기한 종료일**까지 납부유예 승인 여부 **통지**

※ 의원입법안으로 8월 임시국회 논의 추진
〈개정 이유〉 납세자의 납부 부담 경감
〈적용 시기〉 '22. 1. 1 이후 납세의무가 성립하는 분부터 적용

6. 일시적 2주택 등 1세대 1주택자 주택 수 종합부동산세 특례 신설

(종부세법 §8·9·17)

현행	개정안
〈신설〉	□ **일시적 2주택·상속주택·지방 저가주택에 대한 1세대 1주택자 주택수 종부세 특례** ○ **(대상)** 다음 중 하나의 요건을 충족하는 경우 ❶ **(일시적 2주택) 1세대 1주택자**가 종전 주택 양도 전 다른 주택을 **대체 취득***한 경우 *신규주택 취득 후 2년 내 종전주택 양도하는 경우로 한정 ❷ **(상속주택) 1세대 1주택자**가 **상속**을 원인으로 취득한 주택*을 함께 보유하는 경우 *상속개시일부터 5년이 경과하지 않은 주택 – 다만, ① 저가주택(공시가격 수도권 6억 원, 비수도권 3억 원 이하) 또는 ② 소액지분(상속주택 지분 40% 이하)인 경우 기간 제한 없음 ❸ **(지방 저가주택) 1세대 1주택자**가 **지방 저가주택***을 함께 보유하는 경우 *① 공시가격 3억 원 이하 + ② 수도권 및 광역시·특별자치시(광역시에 소속된 군, 읍·면 지역 제외)가 아닌 지역 소재 주택 ○ **(특례)** 1세대 1주택자 판정 시 **주택 수에서 제외** *과세표준에는 해당 주택 공시가격을 합산하여 과세 – **(기본공제)** '22년 : **14억 원**(특별공제 3억 원 포함) **'23년 이후 : 12억 원** – **(고령자·장기보유 세액공제)** 일시적 2주택, 상속주택, 지방 저가주택 외 주택에 해당하는 세액에 대해 적용 ○ **(절차)** 9. 16~9. 30까지 관할세무서장에게 신청 ○ **(사후관리)** 요건 미충족 시 **주택 수에 합산**하고 **경감세액 및 이자상당가산액 추징*** *(1세대 1주택자가 아닌 것으로 보아 계산한 세액 – 1세대 1주택자로 보아 계산한 세액) + 이자상당가산액

※ 의원입법안으로 8월 임시국회 논의 추진
〈개정 이유〉 부득이한 사정으로 발생하는 과중한 세부담 적정화
〈적용 시기〉 '22. 1. 1 이후 납세의무가 성립하는 분부터 적용

7. 종합부동산세 경정청구 대상 확대(국기법 §45의 2)

현행	개정안
□ 납세자가 과세표준 및 세액을 과다하게 신고한 경우 경정청구 가능	□ 종합부동산세 경정청구 대상 확대
○ (신고기한) 법정신고기한이 지난 후 5년 이내	
○ (신고대상)	○ (좌동)
– 과세표준신고서 또는 기한후과세표준신고서를 제출한 자	
〈추가〉	
※ 종합부동산세의 경우 신고·납부한 경우에만 경정청구 가능	– 종합부동산세를 부과·고지 받아 납부한 납세자

〈개정 이유〉 납세자 권익 제고
〈적용 시기〉 '23. 1. 1 이후 경정청구하는 분부터 적용

소득세법·조세특례제한법 개정[안][양도소득세 관련]

1. 양도소득세 이월과세 제도 합리화

양도소득세 필요경비 계산 특례 합리화(소득법 §97의 2)

현행	개정안
▫ **양도소득세 필요경비 계산 특례**	▫ **적용기간 확대**
○ (개념) 증여자의 취득가액을 기준으로 양도차익을 계산* 하여 수증자에게 양도소득세를 과세 ＊ 증여세는 필요경비에 산입	
○ (요건) ❶ & ❷ & ❸	○ (좌동)
❶ (양도대상) 배우자 또는 직계존비속에게 증여받은 부동산 등* ＊ 분양권, 조합원입주권, 회원권 등	
❷ (적용기간) 증여일부터 5년 이내 양도	❷ 5년 → 10년
❸ (적용제외) 다음 어느 하나에 해당하지 않을 것 – 증여 후 2년 이내 사업인정고시 및 협의매수 또는 수용된 경우 – 이월과세 적용 시 1세대 1주택 또는 일시적 2주택에 해당하여 비과세되는 경우 – 이월과세 미적용 양도세액이 적용한 양도세액보다 더 큰 경우	○ (좌동)

〈개정 이유〉 배우자 등 증여를 통한 양도세 회피 방지
〈적용 시기〉 '23. 1. 1 이후 증여받는 분부터 적용

2. 증여자산에 대한 양도소득 부당행위계산 부인 합리화(소득법 §101)

현행	개정안
□ **증여자산에 대한 양도소득 부당행위 계산의 부인**	□ **적용기간 확대**
○ (개념) 증여자의 취득가액을 기준으로 양도차익을 계산* 하여 증여자에게 양도소득세를 과세 　* 증여세는 부과하지 않음	
○ (요건) ❶ & ❷ & ❸ & ❹	○ (좌동)
❶ (양도대상) 배우자 및 직계존비속*을 제외한 특수관계자에게 증여받은 자산 　* §97의 2 ① 적용받은 경우	
❷ (적용기간) 증여일부터 5년 이내 양도	❷ 5년 → 10년
❸ (부당감소) ⓐ < ⓑ 　ⓐ 부당행위계산 부인 미적용 양도세액 + 증여세액 　ⓑ 부당행위계산 부인 적용 양도세액	○ (좌동)
❹ (적용제외) 양도소득이 수증자에게 실질적으로 귀속되는 경우가 아닐 것	

〈**개정 이유**〉 특수관계자간 증여를 통한 양도세 회피 방지
〈**적용 시기**〉 '23. 1. 1 이후 증여받는 분부터 적용

3. 농어촌주택 및 고향주택에 대한 양도소득세 주택 수 제외 특례 요건 완화 및 적용기한 연장(조특법 §99의 4)

현행	개정안
□ **농어촌주택·고향주택에 대한 양도소득세 과세특례**	□ **주택가격 요건 완화 및 적용기한 연장**
○ (요건) ❶ & ❷ & ❸	
❶ (보유기간) 3년 이상	○ (좌동)
❷ (소재지) 수도권 및 조정대상지역 등 제외	
❸ (기준시가) 2억 원(한옥 4억 원) 이하	❸ 2억 원(한옥 4억 원) 이하 → 3억 원(한옥 4억 원) 이하
○ (지원내용) 농어촌주택·고향주택 취득 전 보유한 일반주택 양도 시 농어촌주택·고향주택을 주택 수 계산에서 제외	○ (좌동)
○ (적용기한) '22. 12. 31까지 취득분	○ '25. 12. 31까지 취득분

〈**개정 이유**〉 지역균형발전 지원
〈**적용 시기**〉 '23. 1. 1 이후 양도하는 분부터 적용

부동산 전문 세무사, 회계사가 알려주는
똑똑한 절세 방법
부동산 법인이 답이다!
(실전 운영 필수 사례 편)

제1판 1쇄 2022년 10월 10일
제1판 2쇄 2022년 11월 25일

지은이 이상욱 외 4인
펴낸이 최경선   **펴낸곳** 매경출판㈜
기획제작 ㈜두드림미디어
책임편집 배성분   **디자인** 노경녀 nkn3383@naver.com
마케팅 김성현, 한동우, 장하라

매경출판㈜
등록 2003년 4월 24일(No. 2-3759)
주소 (04557) 서울특별시 중구 충무로 2(필동 1가) 매일경제 별관 2층 매경출판㈜
홈페이지 www.mkbook.co.kr
전화 02)333-3577
이메일 dodreamedia@naver.com(원고 투고 및 출판 관련 문의)
인쇄·제본 ㈜M-print 031)8071-0961
ISBN 979-11-6484-463-0 (03320)

같이 읽으면 좋은 책들

아내와의 실전 경매 공연자 체엄조의
나는 장애를 딛고
부동산 경매로
성공했다

박희성 지음

장벽은 진짜로 세상에 없다
시기와 때를 기다리겠다면 우선 시작하라!

불황에도 매출 10배 올리는
상위
1%
공인
중개사의
마케팅
비법

박선옥 · 김복현 지음

부동산 규제 강세와 경기 불황에도 공인중개사들의
매출을 극대화하는 최고 수 있는 중개구술 제시한다

GTX 시대, 부동산 투자 비법은 바로 길이다
아파트는 살고
땅은 사라

토지 투자와 블루오션 전망이 보였다
도신국사의 "대한민국 1%만 아는
실전 토지 투자 종합 바이블 탄생"

부동산 투자를 시작하기 전에 꼭 알아야 할 실전 기술
부동산
상식을
돈으로
바꾸는 방법

조성연 지음

아파트에 읽는 부동산 지식과
번만으로 배울 수 있는 근로베이 성장

해외 부동산 투자,
나는 말레이시아로
간다

김현민 지음

M A L A Y S I A

투자자에게 알려주고 싶은 부동산 블루오션

당신도 건물주가 될 수 있다!
원룸
마스터

원룸으로
공무원의 삶을 누리라!

부동산 투자자,
계약자가 꼭 알아야 하는
부동산
실무 **法**
용어사전
1,000

부동산 계약 매매와 잘 정
복지지 등과 사크에 헤매맨 수 있다가
부동산 거래의 핵심 단어 1,000개!

부자가 되기 위한 새로운 패러다임
부자로 환승하라
머니트레인

백상미 지음

부동산 투자, 이제는 지하철이 핵심이다!

부동산 투자
인사이트

고수가 알려주는 집값이 오르니 위치

그는 어떻게
부동산
1인 창업으로
10억을
벌었을까?

부동산 투자의 숨겨진 진실!

절세의 모든 기술
부동산 법인에 있다!

부동산 법인 A to Z

돈 버는
주택임대
관리기법

주택임대관리의
체계적인 관리법과 광고법이다

10%대 수익률을 위한
최고의 부동산 재테크
P2P
투자의
정석

지금은 시대, 높은 수익률을 보장하는 투고과 재테크!

부동산으로 이룬
부자유의
꿈

잘 키운 아파트,
직장 회사 안 무섭다!

아파트 경매,
지역 분석이 먼저다

매매 사례를
중심으로 살펴보는
대박 친
빌딩 투자의
비밀

실거래로 최무산 조건은
장제는 입지, 물체도 입지, 바이템 입지다!

부자가 되기 위한 부동산 요리법
정준환의
부동산
레시피

요리에 드는 것저럼,
부동산에 투숙에지요라!

초보를 위한 취업과 창업 완벽 가이드
잘나가는
공인중개사의
비밀노트

한 권으로 정리한 단기 속성 실무전략

新
명품 토지
중개 실무

다양한 사례와 함께 살펴보는 실무 노하우

실패 없는 부동산 딸리터점
돈 길 따라가는
부동산 투자

정보력과 실전 경험이 바탕이 된,
말 날리는 부동산 투자 가입을 전수한다

세무사 3인이 알려주는
세무조사 대비의 모든 것

향후 5년 부동산 정책 핵심 공약
문재인 시대 부동산 트렌드

주택 연출가 무조건 따라하기

커피 한 잔 값으로 초대형 오피스 주인 되기
리츠 얼리어답터

고수익을 안겨주는 블루오션 토지 경매
신의 한 수 금맥경매

주택 아파트 세무 가이드북 실전편

권리분석 완전정복으로 10년 안에 10억 벌기

고수가 알려주는 블랙 단파 땅 투자의 모든 것
대한민국을 움직이는 땅 투자 법칙100

땅투자 10단계 절대불변의 법칙

돈의 보감
평범한 샐러리맨, 투잡 경매로
5년에 10억 벌다

나는 갭 투자로 300채 집주인이 되었다

토지 세무 가이드북 실전편

新 상가 투자 보물 찾기

상가 세무 가이드북 실전편

NPL 가격 산정의 비밀

응답하라!! 위기의 부동산

나는 토지 경매로 금맥을 캔다

토지보상경매 실전활용

세무조사 실무 가이드북 실전편

야생화의 기초 경매

(주)두드림미디어 카페(https://cafe.naver.com/dodreamedia)
Tel. 02-333-3577   E-mail. dodreamedia@naver.com